U0962114

中国调味品产业投资论道

ZHONGGUO TIAOWEIPIN CHANYE TOUZI LUNDAO

卫祥云◎著

中国经济出版社
CHINA ECONOMIC PUBLISHING HOUSE
·北京·

图书在版编目（CIP）数据

中国调味品产业投资论道 / 卫祥云著 . -- 北京：中国经济出版社，2021.10

ISBN 978-7-5136-6656-5

Ⅰ . ①中… Ⅱ . ①卫… Ⅲ . ①调味品 – 食品工业 – 投资分析 – 中国 Ⅳ . ① F426.82

中国版本图书馆 CIP 数据核字（2021）第 190137 号

策划编辑　杨　莹
责任编辑　王　建
责任印制　巢新强
封面设计　任燕飞

出版发行　中国经济出版社
印 刷 者　北京科信印刷有限公司
经 销 者　各地新华书店
开　　本　710mm × 1000mm　1/16
印　　张　15.5
字　　数　175 千字
版　　次　2021 年 10 月第 1 版
印　　次　2021 年 10 月第 1 次
定　　价　78.00 元
广告经营许可证　京西工商广字第 8179 号

中国经济出版社 网址 www.economyph.com **社址** 北京市东城区安定门外大街 58 号 **邮编** 100011
本版图书如存在印装质量问题，请与本社销售中心联系调换（联系电话：010-57512564）

版权所有　盗版必究（举报电话：010-57512600）
国家版权局反盗版举报中心（举报电话：12390）　　服务热线：010-57512564

序言

投资容易论道难

《中国调味品产业投资论道》一书即将出版。中国经济出版社的编辑提出，可否邀请一位专家或者学者为本书作序。我考虑再三，苦于找不到合适的人选担当此任，于是执笔写篇自序。

调味品自古以来就是小商品，谈不上工业化。由于个人的工作原因，我与调味品产业结下了不解之缘。更因自己的执着和专注，我得到了相关部门的大力支持，促成了中国调味品协会的成立。

之后，我由于工作原因一直从事调味品产业的管理工作，借此之便，对业内企业的发展有所了解并开展研究。工作之余，撰写了一些关于食品行（产）业管理和企业管理的文章，也陆陆续续出了几本关于调味品产业发展和企业管理的书籍，在业界产生了一定的影响。

《中国调味品产业投资论道》一书虽与前期作品有所不同，但主要还是将我国调味品产业的发展现状和企业管理工作作为切入点，对市场进行分析和趋势研判。其中，就包括投资论道方面的内容。

2020年初秋，在我国常态化疫情防控下，经济和市场恢复。具有经济晴雨表作用的中国A股出现了久违的慢牛现象。同年8月19—20日，我国资本市场出现了如下现象：海天味业势头猛进，而且“这瓶酱油”的市值甚至超过了中国石化。

这种现象反映出一个浅显易懂的道理：市场需求才是王道。不论什么行业，都可能有优秀企业做出惊人之举。但通过仔细分析又不难发现，酱油细分产业和石油化工行业不能相提并论，把两种不同性质的事物放在一起进行对比是无法得出正确结论的。

讲到股市投资，结合自己最近一年多尝试投资调味品产业股票的实践，颇有体会。股市投资确实与实业投资不一样。股市有时是非理性的，而投资却不能非理性，实践中要以理性战胜非理性，绝非一蹴而就的事。判断投资正确与否的标准很简单，就是看结果。而论道就不一样了，须通过实际投资经验和教训悟出的道理，为人传道、授业和解惑。要达到这个目的，既难做到像投资正确与否的判断标准那么简单明了，也较难做到让人深刻领悟并在实践中加以应用。因此，撰写《中国调味品产业投资论道》一书力求知难而进，说白了就是“为赋新词强说愁”吧。

我真心希望业内知名人士、专业投资者和对此有兴趣的读者能够不吝赐教。

是为序。

卫祥云

2021年5月20日于北京

目 录

第 1 章
走进调味品产业

1.1 中国调味品产业发展现状

1.1.1 发展趋势良好　消费升级意愿明显

根据国家统计局对规模以上企业的统计数据分析，2020 年调味品产业主营业务保持增长，调味品及发酵制品营收达到 2726.1 亿元[①]，酱油、食醋及类似制品，利润均保持增长。其中，酱油、食醋及类似制品利润同比增长 8.3%，而其他调味品及发酵制品利润同比增长 14.5%。

2020 年，中国调味品著名品牌企业 100 强（以下简称百强企业）统计数据分析显示：调味品产业总产量与总销售收入均保持增长。百强企

① 如无特别注明，均指人民币。

业产量的增速从2019年的10.1%下降到2020年的5.9%；销售收入的增速从2019年的10.8%下降到2020年的7.2%。对12个细分产业进行统计，除鸡精（粉）调味料、香辛料及香辛料调味品的产量下滑之外，其余细分产业的产量均呈现上升趋势，其中增速较快的细分产业依次为火锅调味料、蚝油、酱腌菜等。

2021年，调味品产品平均价格延续2020年的上涨趋势，导致调味品价格上涨的原因主要有两方面：一方面，2021年调味品企业原料、人工、包装以及物流、环保等各个环节的价格都有不同程度的上涨，生产成本的增加是造成调味品价格上涨的重要原因之一；另一方面，调味品企业为应对消费升级，针对市场推出了具有高附加值的产品，高端产品比重提高，推动了调味品的平均价格上涨。

我国调味品企业的集中度偏低。国内市场中的海天味业、李锦记、贵州老干妈、上海太太乐和广东美味鲜5家大企业的市场占有率为20%~25%，其中海天味业的销售额大于200亿元。而国际市场中的雀巢、百事等企业的销售规模已达600亿美元，日本龟甲万的销售规模在60亿美元以上。市场潜力尚待开发，供给侧改革与调整需同步进行。

上市公司已成为调味品产业发展的风向标。2019年，调味品产业上市公司营业收入总和为651.1亿元，同比增长15.5%；利润总额为141.8亿元，同比增长11.7%。海天味业、梅花生物、安琪酵母分别以198.0亿元、145.5亿元、76.5亿元位列调味品产业上市公司营业收入的前三位。

从调味品消费市场的发展趋势看，海天味业、中炬高新、李锦记、烟台欣和、千禾味业和加加食品的高档酱油价格仍有较大的上升空间。

企业的长足发展，有赖于企业在结构调整、质量提高、保持风味和供给侧结构性改革方面的不断创新和突破。

2020 年，调味品产业的酱油、食醋、调味酱、复合调味料等重点细分产业发展平稳。其中，酱油细分产业是我国调味品产业的第一大产业，产销量和企业规模均居调味品产业首位，涌现出多家头部企业，产业集中度也在进一步提高。2020 年度酱油企业（35 家）生产总量达到 540 万吨，同比增长 4.9%。食醋企业也积极推进产品创新，从烹饪、佐餐向保健等方向发展。2020 年度食醋企业（37 家）生产总量为 160 万吨，同比增长 5.2%。

随着社会的进步和人民生活水平的提高，消费者对于调味酱的需求逐渐从满足基本需要向追求更高品质转变，需求更加多元化、高端化。2020 年度酱类企业（31 家）生产总量为 96.6 万吨，同比增长 2.7%。复合调味料是近年来增长最快的调味品之一。随着人民生活水平的提高和生活节奏的加快，消费者对餐饮的多样化和便捷性都提出了更高的要求。2020 年度复合调味料企业（35 家）生产总量为 71 万吨，同比下降 0.6%。

目前，国内市场潜力巨大，调味品企业走向世界的步伐才刚刚开始，任重道远。调味品企业一定要抓住重点、用对政策、认准市场、对症下药，方能取得良好业绩。

1.1.2　产业发展应引起注意的 3 个误区

目前，我国调味品市场竞争日趋激烈：有的细分产业产品过剩，存在一窝蜂投资上项目的情况；有的细分产业缺乏适销对路的产品。这两种现象并存。在《调味品产业专业化兼并重组的现状及启示》一文中，我对此现象做了较为详细的论述。有以下几个误区应充分引起注意。

1.1.2.1　产品开发的误区

第一，把绿色及营养放在第一位。殊不知，在食品安全卫生的基础上，摆在调味品产业首位的应该是味道。只有在味道方面让消费者满意，产品才有生存和发展的基础。把调味品的开发和保健品的开发混为一谈，对企业的发展与产品的开发极为不利。

第二，盲目跟风和模仿，忽视产品的市场定位。很多企业追求名称上的相似和雷同，忽视了调味品的本质和特点，混淆了一般的产品名称和特有的产品名称。比如在鸡精调味料尚未得到消费者认可时，先后出现了鸽精、深海鱼精、虾精和汤精等其他类似产品。忽略这些产品本身存在的问题，有的产品选用真材实料；但忽视了调味品的特点和消费者的要求，最后还是不了了之。殊不知，中国人食用鸡汤有着悠久的历史和长期形成的消费习惯，因此鸡精调味料广受欢迎；韩国人视牛肉汤为“国汤”，因此以牛肉精粉制作的调料十分畅销；日本的“鲣鱼精”也是如此。

第三，原料选择的错位。比如用“花生粕”“蚕蛹”为原料生产酱油，从技术上是可行的，也不存在所谓的新技术。但不符合酱油细分产业的发展方向，有点走“极端”，名不副实，最终“昙花一现”。如东北地区某家上市公司的研究开发中心在完全不了解酱油细分产业的情况下研究酱油生产工艺，把已过时的技术当作“新技术”，把成熟的工艺当作“新工艺”。搞“水解酱油”的“技术攻关”，完全是不必要的重复劳动和极大的资源浪费。

1.1.2.2　投资创业的误区

在调味品产业有一种倾向认为，“调味品生产加工比其他食品简单，进入门槛低，似乎人人都能成功，是个容易赚钱的行业”。殊不知，调味品生产加工的专业性很强，利润普遍较低，业内企业比食品行（产）业的其他企业发展要慢，新产品盈利的周期也比较长。因此，一定要警惕调味品产业的投资“陷阱”。业内有关研究证实：一般常规行业的投资成功率为 20%，餐饮业的投资成功率为 15%。大量实践证明：越是门槛低的行业，投资的成功率越低。因此，投资调味品产业千万不能盲目，把投资等同于“发财”，把投资混同于“效益”，把投资误认为“事业成功”。与之相反，投资常常是“破财”的开始，是已有效益的流失。这方面应引起我们的足够重视。

1.1.2.3　品牌延伸的误区

在加加酱业（现为加加食品）举办的市场营销研讨会上，该公司原总经理杨振提出了“小世界大国家”的营销思路和“品牌成就伟业”的企业发展思路，令人印象深刻。所谓“小世界大国家”的营销思路，即中国是个“小世界”，中国的各个省份又是个“大国家”。比如，河南有 1 亿人口，相当于半个美国；四川有 9000 万人，相当于两个韩国；欧洲所有国家的版图加起来才相当于我国的国土面积，法国的国土面积相当于我国的四川省与重庆市土地面积之和。所以，要按照这个思路经销酱油才对。他们经过缜密的市场调研分析，实行了有针对性的扩张和发展战略。1992 年，我提出了调味品生产销售不能走“农村包围城市的道路”，要以中心城市为依托，向中小城市及农村延伸和发展[①]。随着我国调味品生产市场的变化，加加酱业在 2006 年昆明营销发展战略研讨会上提出了一系列结合实际的营销策略。其中“把红旗插到农村去”就有很强的针对性。据调查：一个县级城镇有 1 万家酱油销售点，如果每家只销售 1 瓶酱油，销售量就是 1 万瓶，没有任何一种产品有这么多销售网点。可见，他们对市场的细分研究到何种程度，然后再对症下药。况且，加加酱业在业内以不打价格战闻名，不走低价战略，以此来提升品牌价值和产业价值，为酱油业的发展做出了应有的贡献。在食醋细分产业，山西陈世家在营销上实行高价策略对提升产业价值是有利的，但是做法有些不切合实际，不利于企业自身的发展。另外，加加酱业在品牌发展延伸方面做了细致的研究，尤其在避开“品牌延伸”误区上有两点认知很有价值：一是坚持品牌专一性。为了支持其观点，他们研究了业内企业和其他行业的实例，总结了相关的经验和教训。二是“新品牌”的延伸可能会破坏原有品牌的形象。这方面要正确处理好“破”与“立”的辩证关系，这可能是调味品企业持续遇到的问题。

① 卫祥云．中国调味品产业发展研究［M］．北京：中国轻工业出版社，2012.

1.1.3 4个方面助力调味品产业未来发展

1.1.3.1 直面消费升级

一方面，要利用好中美大豆贸易摩擦带来的发展机遇，探索发展我国的非转基因大豆产业。荣盛达“尚品菽”酱油即是利用俄罗斯优质大豆资源开发有机酱油的实例，不求多，但求精；不求量，但求质。以质取胜，占领高端，不断复制盈利模式，生产相关产品，形成良性循环。另一方面，利用中俄边贸优势，进行产品升级，开拓消费市场，提升中国酱油在俄罗斯消费者中的认知度，树立中国品牌的良好形象。

1.1.3.2 抓好结构调整

以现有企业和品牌为基础，在抓好食用油和酱油生产的基础上，形成单品规模，进而在单品规模的基础上延伸有机产品的产业链。

1.1.3.3 坚持主业推进

以有机酱油为主导，发挥非转基因大豆的原料和供货渠道优势，向黄豆酱和调味酱类产品延伸，提高大众产品的市场占有率和企业效益。

1.1.3.4 顺应市场诉求

主要是两方面工作：一是安全和营养，要把食品安全放在首位。我国目前的市场环境，食品安全工作是重中之重，对此绝不能有丝毫麻痹和大意。而食品营养是市场的呼声，对此消费者的要求越来越高，企业要适应消费者需求的变化。二是聘用专业人才，认真做好研发和创新，以增强企业的发展活力。

1.2 调味品产业发展的特点与重点

1.2.1 以市场为导向 产业结构调整成效显著

据百强企业统计数据，2020 年调味品总产量达到 1833 万吨，同比增长 5.9%；销售收入 1139 亿元，同比增长 7.2%。产销同比增长仍未超过 10.0%，预示着我国调味品生产与市场开始由量的增长转为结构性增长。

2020 年百强企业统计监测的 12 类产品显示，产量增长超过 10% 的有 3 类，分别是火锅调味品料为 22.7%；蚝油为 10.6%；酱腌菜为 10.5%。

其他 9 类产品中有 6 类产量保持增长。其中，增长率较高的是味精和食醋，为 5.5% 和 5.2%；鸡精类为负增长，是 –4.1%。这说明市场和消费者的选择正在发生变化。

1.2.2 调味品产业的品牌集中度有待提高

早期分析食品饮料行业，最热门的是肉类和白酒、饮料、牛奶等，较少提及调味品。现在，这种现状已经改变。据统计，2017 年百强企业中的14家（含4家新三板）上市公司，2017年实现销售收入为315.3亿元，占到百强企业销售收入 820.2 亿元的 38.4%。从 2020 年百强企业统计的 17 家（含 3 家新三板）上市公司来看，2020 年实现销售收入 539.5 亿元，占统计内企业总收入的 47.4%。可见，资本运作正在成为提高调味品产业发展规模、档次的重要推动力。

以头部企业海天味业为例，2017 年总产量为 255.6 万吨，约占百强企业总产量 1247.1 万吨的 20.5%，2020 年总产量为 387.9 万吨，占百强企业总产量 1832.8 万吨的 21.2%，实现了“五分天下有其一”的局面。2017 年销售收入为 141.0 亿元，占到百强企业销售收入的 17.2%，2020 年销售收入为 216.3 亿元，占百强企业销售收入的 19%；2017 年生产酱油 166.1 万吨，占到百强企业酱油总产量的 38.0%；2020 年生产酱油 237.9 万吨，占百强企业酱油总产量 546 万吨的 43.6%，足见其在业内的影响力和引领带头作用。但 2020 年海天味业的销售收入和全国调味品（规模以上企业）销售收入（2726.1 亿元）相比，还不到 8.0%，说明产业的集中度有待提高。

1.2.3 企业资本运作的重点所在

在食品饮料行业中，调味品的市场发展和消费升级越来越受到重视。资本运作和国企混合所有制改革为发挥企业家才能提供了新的用武之地。对此，产业和企业，尤其是企业家个人要充分认识到资本运作要以产业推动和术业专攻为重点，循序渐进，没有捷径可走。

从2017年与2020年调味品上市公司的数据对比来看，这些企业具有以下特征。

一类企业为海天味业，2017年市值已超过2000亿元，年利润达到30亿元以上；2020年市值超过6000亿元，年利润达到60亿元以上。

二类企业为安琪酵母、中炬高新、涪陵榨菜、梅花生物、恒顺醋业、千禾味业和加加食品等，2017年市值60亿～300亿元，年利润1.5亿～5亿元；2020年市值为70亿～600亿元。

三类企业为安记食品、佳隆股份等，2017年市值为30亿～60亿元，年利润3000万元左右；2020年市值为20亿～36亿元。

其中，安琪酵母在食品配料中的主导地位越来越高，并且品牌影响力越来越大，2017年市值达到300亿元以上，2020年市值达到400亿元以上，可谓是食品饮料行业上市公司中的一匹黑马，其发展前景被众多机构投资者看好，资本市场示范效应明显。独凤轩作为在新三板上市的骨汤调味料企业，正在引导新型调味品配料在餐饮业和家庭厨房中充当主角，发展前景极为广阔。此外，近两年上市的天味食品、仲景食品、日辰股份、雪天盐业在资本市场表现良好，受到投资者的广泛关注。其中，日辰股份作为餐饮定制企业的代表，走出了独特的发展道路。

可以预见，在未来的市场上，主业推进和术业专攻将是调味品企业发展的重点，也是市场优胜劣汰的基础。

1.3 酱油细分产业发展分析

1.3.1 5 个方面推动酱油细分产业发展

酱油细分产业是中国调味品中的大类，拥有大市场和大企业，目前已经形成了规模化的生产集群和品牌效应。相关企业应该重视目前来之不易的大环境和发展格局。应该在以下 5 个方面继续做好工作。

第一，如何在专业化的基础上，向综合性的大企业发展，这是酱油或调味品生产企业需要关注的重点，也是企业家需要认真研究的问题。中国调味品产业的发展实践已经做了很好的回答。目前发展良好的企业，大多数是由一个到两个主导产品推动，同时又有其他产品辅助的混合型调味品生产企业。

第二，如何顺应我国经济转型，尤其是餐饮业结构调整的趋势。这是酱油细分产业应该引起重视的大问题。餐饮业的调整带来了对调味品高端产品的需求，生产企业必须顺应这种变化。

第三，在顺应市场变化过程中，如何探索新的营销模式。传统的营销方式如何升级，电子商务怎样开展，物流成本怎么控制等，这是酱油生产企业，或者是调味品产业，要在下一步竞争中取胜需要研究的课题。比如电子商务在调味品产业中应用较多，截至目前，还没有发现能在产业里“叫得响”的一种营销模式或者营销渠道。有很多学者、做电子商务的专家在研究，很多人甚至已进入该产业，认为其有良好的发展前景。但非常严峻的现实是，目前我们没有看到一种成功的运营模式，这是企业需要关注的问题。

第四，如何在实体发展的基础上寻求资本运作的最佳模式。目前，调味品产业已经出现了新的变化，引起了食品行（产）业对调味品企业资本运作模式的极大关注。除现有的酱油、食醋、鸡精调味料、味精等几类企业上市以外，目前排队等待上市的企业还有很多，这些都是调味品产业的新变化。因此，与已经上市公司的规模或者实力相当的企业，下一步不可能不考虑上市。也就是在企业实体发展的基础上，企业的资本运作也要择机提上议事日程。

第五，对酱油企业生产规模的进一步探讨要更加深入，以便企业在市场竞争中做好产品的升级换代和结构调整工作，这关系企业合资、合作和资本运作时的定位问题。目前，中国酱油细分产业的生产规模还没有完整的统计数据。1997 年，酱油产量的统计数字是 220 万吨，由《中国商办工业》统计得出。据中国调味品协会推测，1997 年全国的总产量应该在 300 万吨左右，到 2007 年就达到了 500 万吨，增长速度很快，10 年增加了 200 万吨左右。2014 年，我认为总产量 600 万吨的数字相对合理，7 年增加了 100 万吨左右。这是提供给酱油生产企业的数据，以便其据此调整生产规模。企业不能随意扩大生产，因易受到消费等方面的制约。比如日本酱油的总产量，100 万吨是 10 年前就有的，但现在还是 100 万吨左右，一直没有突破 110 万吨。这说明酱油的消费量是有“边界”的，超过“边界”会导致企业盲目生产。当然，企业之间的产量调整应属正常，但宏观上一定要把控好。

1.3.2 如何净化酱油细分产业

酱油细分产业要在国家市场监督管理总局的统一协调下，配合打击假冒伪劣品的生产、销售，净化调味品市场，需要做好三方面的工作。

第一，处理突出问题，化解矛盾，强化属地化管理和日常生产的巡视与监管。企业要清醒地认识到，有些工作要配合行政部门去做，而不是自己做。对发现的假冒伪劣案件，要做到“一事一议”，严格查处，坚决打击，绝不姑息。

第二，配合有关部门查处仿名牌、傍名牌的行为。

第三，酱油细分产业要重视分类问题。酱油分类的标准，涉及卫生、食品药品、工信、农业和商务等相关管理部门，这方面中国调味品协会要与企业沟通，做好相关的协调工作。中国调味品协会要做到迎难而上，代表产业利益，代表企业说话，向有关部门反映问题。

1.3.3 做好食品安全和标准化工作

按照目前的食品行（产）业管理体制，中国调味品协会要配合国家食品卫生安全部门做好食品安全和标准化工作，重点是行业标准化工作，有 5 个方面要高度重视。

第一，做好行业标准的引导示范工作，包括企业标准。食品安全是基本要求，是生产企业必须遵守的底线，但不是食品和调味品生产工作的重点。食品及调味品生产工作的重点是保证产品的质量、特色和风味，开发适销对路的产品，满足日益丰富的市场和不同消费者的需求，企业不能本末倒置。

第二，正确理解和处理调味品的理化指标①和安全指标。在调味品安全标准中，与食品安全有关的质量指标是基本要求，但不是越高越好。食品安全指标要通过改进工艺、强化管理和严格执行厂规、厂约及相关的卫生要求，而不是通过提高产品的理化指标来达到。如酱油氨基酸态氮的含量为0.40g/100mL，《食品安全国家标准　食醋》（GB 2719—2018）规定食醋总酸（以乙酸计）≥ 2.50g/100mL，这些都是食品质量最基本的要求。同时，对于原产地保护标准和企业标准，当然可以有“特色”的要求，但不是理化指标越高越好。很多食品行（产）业管理者，对该问题的认识是错误的，必须予以纠正。比如，国家标准规定老陈醋的总酸指标为6.00g/100mL，但是很多企业实际上并未达到，甚至有的名牌产品标注了山西老陈醋，但总酸指标却是5.00g/100mL。企业不能自欺欺人。

第三，国内食品行（产）业尤其是调味品产业，要严格按照标准使用原料，有标准的一定要按照标准执行。一定不能用非食品原料生产食品、调味品。在符合标准的基础上，有条件的企业应该逐步使用专用原料。

第四，强调食品添加剂的规范使用，是食品行（产）业也是调味品

① 产品质量指标。

产业很重要并需要严格执行的一项工作。调味品生产不得超范围、超限量使用食品添加剂，该规定在任何时候、任何地点、任何情况下都要严格执行。

第五，坚决不搞形式上的认证和评比工作，要让市场发挥优质资源的配置作用。生产企业为了营销进行市场宣传是可以的，但应按照相关法律法规执行。

1.3.4 充分发挥酱油专业委员会的作用

第一，不炒作。终结产业内各种形式的无谓争论，做好正向宣传引导工作，体现正能量，这一点对产业、企业，尤其是产业中的大企业和专业技术人员都是一样的。中国调味品协会支持企业的合理商业性宣传。比如加加食品的原酿造、广东美味鲜的纯酿造、烟台欣和的有机酱油、海天味业的365头道酱油和李锦记的特级老抽酱油等高端产品的商业宣传，目的是扩大消费，引导高端消费，提高市场占有率。

第二，不跟风。鸡精、味精等都是国家允许生产的调味品，都有自己的生产标准，能够改善食品的风味。其中，味精还兼有添加剂的功能。只要符合国家标准，食品添加剂是允许使用的。因此，中国调味品协会不提倡“不加鸡精、不加味精、不加食品添加剂”等商业化的宣传。支持企业做有特色、正向引导的宣传。

第三，不传谣。谣言止于智者，不要被人利用，谨防企业和技术管理人员被一些别有用心的人“绑架”。

第四，鼓励写文章，形成好的习惯，培养好的风气。倡导发表技术与管理方面的优秀学术论文和分享企业生产、营销和管理方面的案例。

第五，鼓励做研讨。比如，2014 年召开的全国食品上市企业发展战略研讨会，不仅使企业了解了食品行（产）业是如何进行资本运作的，同时也了解了政府发布的相关政策。酱油细分产业作为中国调味品的一个大类，有水平、有能力起到模范带头作用，引领整个产业的平稳发展。

1.3.5 稳中有进　行稳致远

酱油是我国传统的调味品，常用豆、麦、麸皮酿造，色泽为红褐色，有独特酱香味，味道鲜美，有助于增加食欲，为消费者带来丰富的口感和独特的风味。

酱油细分产业作为调味品产业的重要分支，已经形成了规模化的产业集群和品牌效应，整体技术水平不断提升，产品种类日益丰富，销售渠道愈加畅通。

1.3.5.1 酱油细分产业发展稳中有进

酱油细分产业发展稳中有进，销售额和企业规模均居调味品产业首位，占比超过 20%，连续多年保持稳步增长。尤其是最近几年，国内酱油生产企业积极顺应市场变化，调整战略，细分产品不断迭代更新，经营模式呈现多样化，在立足企业和产业长足发展的同时，满足了不同消费群体的需求。酱油细分产业呈现稳中有进、百花齐放的良好局面。

1. 企业数量不断增长

企查查数据显示，截至 2020 年共有 5728 家酱油生产企业在业、存续。2016—2020 年酱油生产企业的注册量基本稳定。其中，2018 年企业注册量是 5 年来最多的，达 593 家；2017 年注册量最少，有 508 家。具体内容见图 1–1。

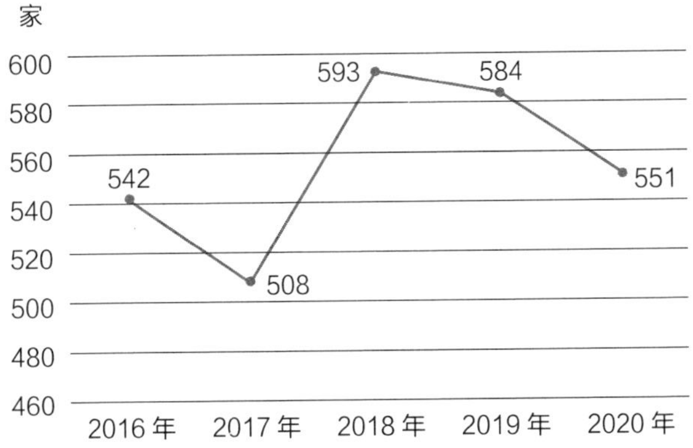

图 1–1　2016—2020 年酱油生产企业的注册量

资料来源：企查查，网址 https://www.qcc.com。

注：仅统计关键词为“酱油”的生产企业。

在酱油生产企业地区分布上，山东拥有的酱油生产企业数量最多，达 551 家，广东、黑龙江次之。具体内容见图 1–2。

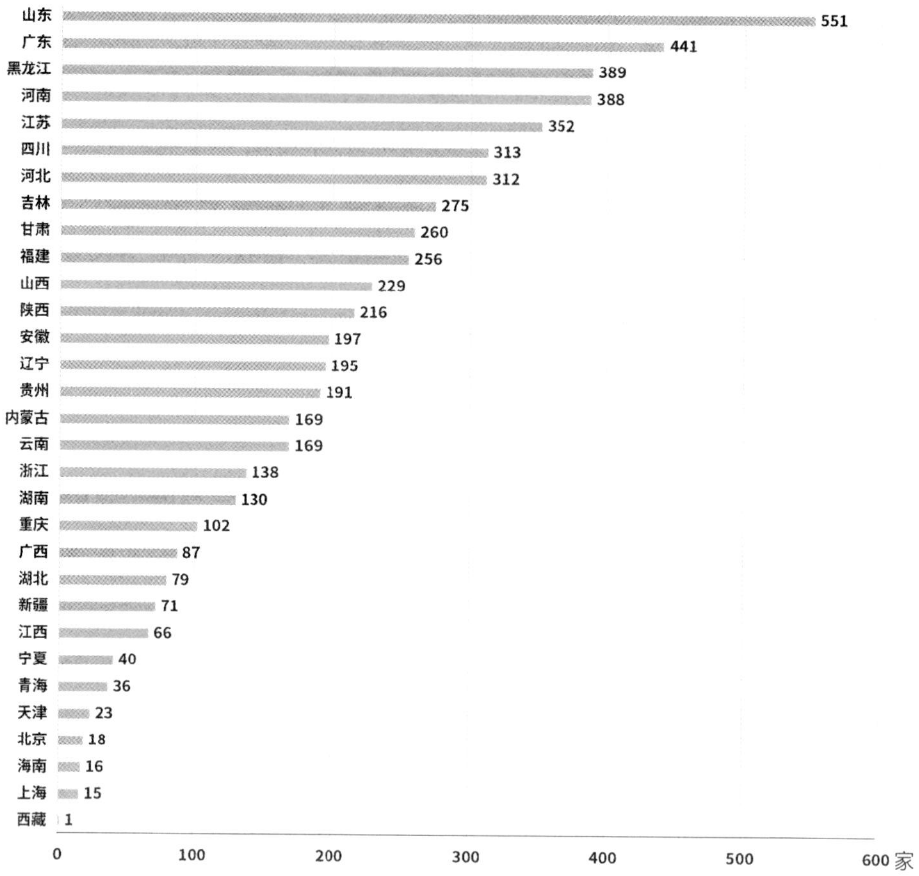

图 1-2　全国酱油生产企业地区分布情况

资料来源：企查查，网址：网址 https://www.qcc.com。

注：仅统计关键词为“酱油”的在业、存续生产企业。统计时间为 2021 年 3 月 2 日。

从注册资本看，近八成的酱油生产企业注册资本集中在 500 万元以内，其中有 61% 注册资本在 100 万元以内。具体内容见图 1-3。

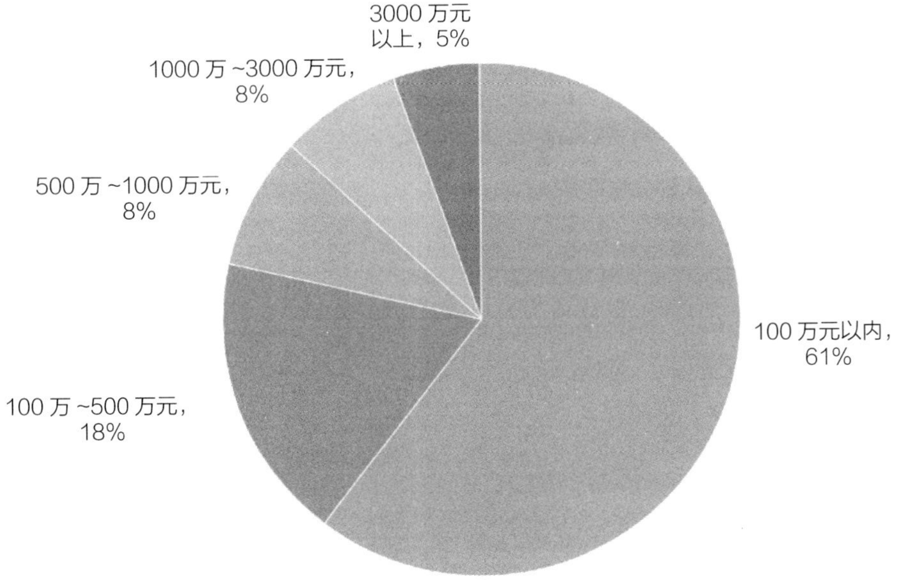

图 1–3　全国酱油生产企业注册资本总额分布情况

资料来源：企查查，网址：网址 https://www.qcc.com。

注：仅统计关键词为“酱油”的生产在业、存续企业。统计时间为 2021 年 3 月 2 日。

2. 产量稳步提高

百强企业数据统计显示：2015—2019 年百强企业中酱油企业的生产总量分别为 352.8 万吨、369.0 万吨、437.5 万吨、462.6 万吨、520.1 万吨；分别同比增长 8.5%、7.1%、9.4%、7.5%、10.1%。具体内容见图 1–4。

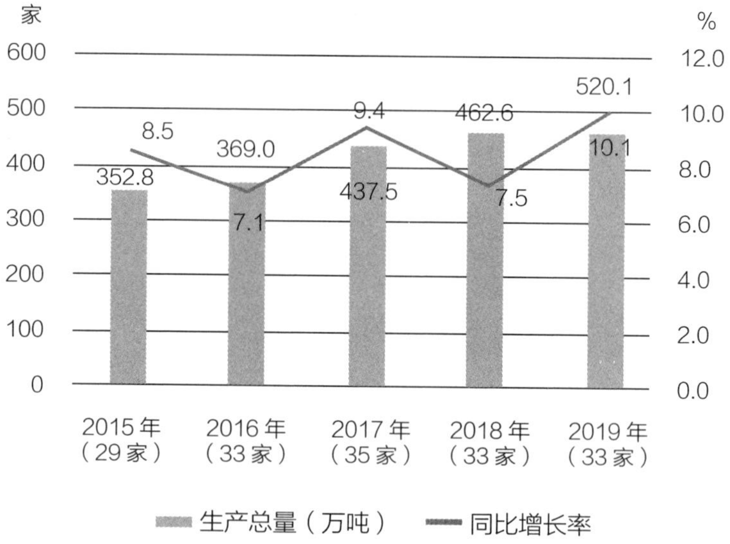

图 1–4　2015—2019 年百强企业中酱油企业的产量变化

资料来源：中国调味品著名品牌企业 100 强统计分析。

2015—2019 年百强企业中酱油企业的销售收入分别为 164.9 亿元、169.7 亿元、233.9 亿元、247.3 亿元、280.3 亿元。具体内容见图 1–5。

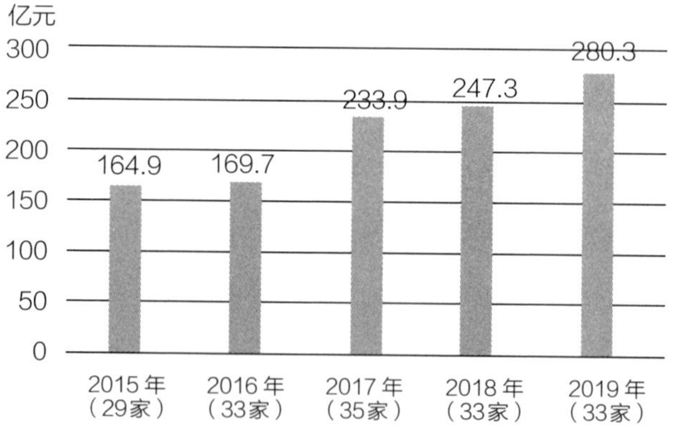

图 1–5　2015—2019 年百强企业中酱油企业的销售收入变化

资料来源：中国调味品著名品牌企业 100 强统计分析。

百强企业数据统计显示：2019年酱油产量排名前五的企业分别为海天味业、广东美味鲜、烟台欣和、李锦记（新会）、鹤山东古，销售收入前五的企业分别为海天味业、广东美味鲜、李锦记（新会）、烟台欣和、福达（中国）。2019年百强企业酱油产量排名前十的企业中，均呈现正向增长；销售收入排名前十的企业中，有9家呈现正向增长。

2019年酱油产量增速排名前五的企业分别为湖北土老憨、老恒和酿造、上海味美思、千禾味业、烟台欣和，销售收入增速前五的企业分别为上海太太乐、千禾味业、上海味美思、湖北土老憨、老恒和酿造。具体内容见表1–1。

表1–1　2019年百强企业中酱油企业产量和销量排名前十企业

2019年产量排名前十	2019年销量排名前十	2019年产量增速排名前十	2019年销量增速排名前十
海天味业	海天味业	湖北土老憨	上海太太乐
广东美味鲜	广东美味鲜	老恒和酿造	千禾味业
烟台欣和	李锦记（新会）	上海味美思	上海味美思
李锦记（新会）	烟台欣和	千禾味业	湖北土老憨
鹤山东古	福达（中国）	烟台欣和	老恒和酿造
福达（中国）	鹤山东古	恒顺醋业	东莞永益
加加食品	加加食品	青岛灯塔	恒顺醋业
千禾味业	千禾味业	海天味业	青岛灯塔
贵州味莼园	四川清香园	鹤山东古	辽宁郑友和

资料来源：中国调味品著名品牌企业100强统计分析。

百强企业数据统计显示：2019年百强企业中酱油企业集中在广东、浙江、四川、上海等地。其中广东数量最多，有7家，占总量的21.2%。具体内容见图1–6。

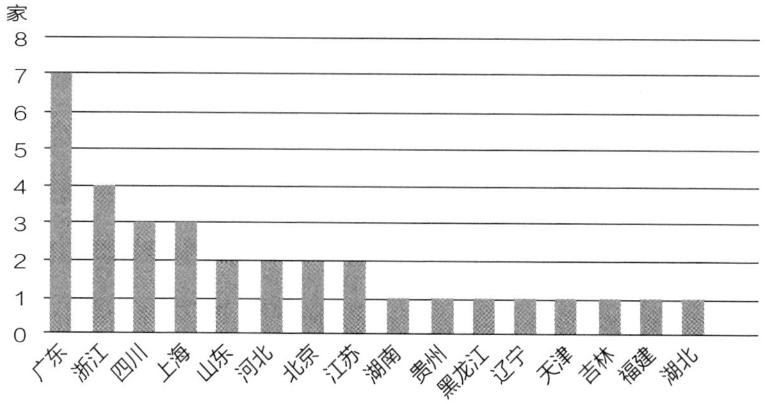

图 1–6　2019 年百企业强中酱油企业区域分布

资料来源：中国调味品著名品牌企业 100 强统计分析。

百强企业数据统计显示：2019 年百强企业中酱油产量分布呈现金字塔形。年产量超过 100 万吨的有 1 家，10 万～100 万吨的有 7 家，10 万吨以下的有 25 家。具体内容见图 1–7。

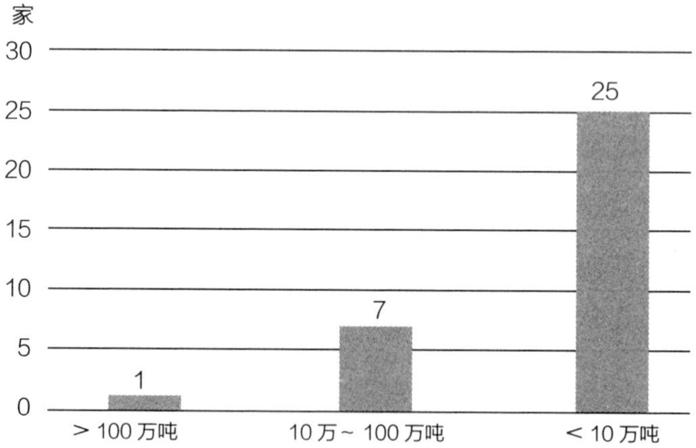

图 1–7　2019 年百强企业中酱油企业产量分布

资料来源：中国调味品著名品牌企业 100 强统计分析。

3. 细分产品不断丰富

为满足消费者差异化的需求，酱油企业开发了众多新产品：酱油单品按照色泽分为生抽、老抽；按照产品特色和应用场景分为减盐酱油、味极鲜、金标生抽、蒸鱼豉油、草菇老抽、红烧酱油、面条鲜酱油、凉拌酱油、火锅酱油、烧菜酱油、寿司酱油、铁强化酱油、海鲜酱油等；按照《酿造酱油》（GB/T 18186–2000）国家标准中质量等级分为特级、一级、二级和三级；按照销售渠道分为家用、餐饮和食品行（产）业用。另外，随着消费市场对方便、快捷调味品的需求不断增长，以酱油为主要原料的复合调味料逐渐受到市场欢迎。

1.3.5.2　酱油细分产业发展顺应消费新趋势

从我国酱油整体产量变化来看，高速增长的时代已经结束，我国酱油细分产业逐步进入产品结构升级、产业格局调整的发展阶段。未来，我国酱油细分产业将继续保持稳中有进的发展态势。

1. 酱油细分产业仍有较大发展空间

第一，酱油人均年消费量还将保持平稳增长。根据第三方统计，目前中国的人均酱油年消费量与亚洲其他国家和地区仍有较大差距，日本人均酱油年消费量是 9 升，历史峰值为 11 升，我国人均酱油年消费量为 7.14 升。对比日本仍有 26% ～ 54% 的增长空间。

此外，饮食的简便化以及我国丰富的餐饮文化促进了特色酱油的发展。目前，在调味品的消费渠道中，餐饮行业所占的比重最大。随着现代生活节奏的加快、互联网平台应用的发展，人们的生活习惯也随之改变。在外就餐已经成为习惯性消费。同时，餐饮行业用户不断年轻化，而年轻一代已经适应了外出就餐并且在强化这一趋势。

第二，新的消费群体和消费理念推动了酱油产品的创新与发展。随着人民生活水平的提高，不断增加的收入支撑着消费者健康理念的提升，并改变了人们对调味品的购买习惯，消费者更加关注产品的品质和口味，对价格的敏感度逐渐下降。

消费群体的年轻化趋势也比较明显。随着“90后”“00后”逐渐成为消费主力，在满足口味的基础上，对产品个性化的需求也日益增加。产品的包装设计变得更加新颖独特和简洁美观，小包装产品也逐渐被消费者青睐。

酱油生产企业顺应了消费升级的需求，改进了酿造工艺，纷纷推出符合消费升级要求的产品，酱油产品不断向品质化、细分化方向发展。

第三，餐饮业的繁荣推动了调味品尤其是餐饮定制调味品的发展。根据国家统计局发布的数据，2020年全国餐饮业收入为39527亿元，同比下降16.6%。但2021年春节期间，全国重点零售和餐饮企业实际销售额达8210亿元，比2020年春节同期增长了28.7%。同时统计数据显示，我国目前共有超过1238万家餐饮企业，餐饮企业年度注册量整体呈现上涨趋势，其中2020年共成立252万多家餐饮企业。

随着新冠肺炎疫情（以下简称疫情）防控的常态化，餐饮业发展有望触底反弹。随着餐饮业和外卖市场的不断发展，消费者对调味品尤其是餐饮定制调味品的需求不断增长。

2. 市场集中度提高是长期趋势

第一，产能的集中释放和生产成本的逐步提高将使市场集中度逐步提高。目前，调味品头部企业未来两年规划投产的产能已经超过300万吨，其中酱油规划投产的产能超过 100 万吨，占比最高。同时，酱油细分产业巨大的市场规模也吸引了原有调味品企业推出新的酱油品类和新企业的进入。

此外，在产能快速扩张的同时，企业的各项生产成本也有上升趋势。从原材料来看，大豆、白砂糖和包装材料是酱油生产成本的重要组成部分，其价格走势对企业毛利率有重要影响。2016 年至今，受环境影响，包装材料和燃料价格已经大幅上涨。多家机构预测，2021 年大豆等原材料的价格将逐步上升。

在产能扩张和成本上涨的双重压力下，产业竞争将愈加激烈。对于中小酱油生产企业尤其是县乡村酱油生产企业而言，既无法通过规模化生产降低成本，也没有巨额市场营销投入，势必面临着市场份额被逐步蚕食的风险。

第二，消费者多样化的需求为中小企业提供了新的发展机遇。虽然品牌集中化的趋势不可避免，但消费者对酱油的产品多样化、口味多层次、购买多渠道有需求，中小酱油生产企业迎来新的发展机遇。

从统计数据来看，近年来虽然中小酱油生产企业的竞争压力增大，但在市场总体需求保持平稳的前提下，这些企业充分发挥了自身经营灵活、适应性强的特点，培育出一批小众产品的优秀品牌。

第三，智能制造将成为酱油生产企业的核心竞争力之一。我国酱油生产企业已经迈出数字化、智能化制造的步伐。一批优秀的品牌，如海天、李锦记、厨邦等都已经实现了智能化制造。

设备与信息化融合已成为当前推动产业转型的重要支撑。未来的酱油生产场景将是生产基地配备中央生产控制系统，统一控制连续蒸煮系统和全自动圆盘制曲机、全自动高速灌装机等先进的酱油酿造设备，实现从原料管理、酱油酿造到成品检测放行全过程的自动化管控，最大限度减少人为干预，实现每一瓶产品的稳定、高效、安全生产。在生产车间，酱油原料选择、蒸料、圆盘制曲、恒温发酵、压榨、罐装等工序都是智能化控制。

在生产环节智能化改造的基础上，部分企业也开始了大数据平台的建设。这些企业加快构筑全流程、全产业链、全生命周期的工业数据连接系统。它们应用大数据驱动生产，驱动与消费者的信息互通，驱动对消费者的需求动力分析，探寻供给侧结构性改革背景下传统企业新的发展模式，以最终实现生产、销售、物流等各个环节的数据交换和流通。

第四，提升科技含量是酱油细分产业升级的方向。时代在发展，科技在进步。对于酱油细分产业而言，只有在传承中发展与创新，才能顺应时代发展的需要，满足消费者的新需求。

虽然酱油的生产工艺自古有之，但通过现代科技对其生物发酵、菌种研发、生产工艺、产品配方等方面进行不断完善，既可以保证酱油传统风味的继承，又可以提升酱油产品的品质和科技含量。这是未来酱油细分产业升级的方向。

随着健康意识的增强，消费者在购买酱油产品时会更加注重其健康性，这也推动了酱油生产企业对这一细分领域进行产品研发和创新。但需要指出的是，适当使用食品添加剂与追求产品的品质并不矛盾，科学合理地使用食品添加剂不但可以满足消费者对酱油口味的需求，也可以提升产品的品质。

消费升级的趋势加速了酱油细分产业的迭代升级，加快了该产业的进一步细分和企业的创新。未来，酱油细分产业的发展前景依然广阔。它的发展既是调味品产业发展的缩影，也是整个民生产业发展的风向标。酱油生产企业应当以《酿造酱油》国家标准（GB/T 18186—2000）和《食品安全国家标准 酱油》(GB 2717—2018）为基础，把好食品安全质量关，加大科技投入力度，提升产品品质，顺应市场渠道的演变与革新，苦练内功，为广大消费者提供更美味的酱油产品。

1.4 食醋细分产业发展分析

1.4.1 食醋细分产业的历史及文化

中国的食醋酿造历史悠久，最早要追溯到 2000 多年前的西周时期。山西太原，是中国食醋的发源地之一。最早的时候，醋又称作“酢”或“醯”。中国有四大名醋，分别是山西老陈醋、镇江香醋、阆中保宁醋、福建红曲醋。经过 2000 多年的不断发展，食醋细分产业的形式从最初的作坊发展到小型的生产企业，及至现代化产业，成为具有较高品牌集中度的调味品产业支柱（除酱油外的第二大细分产业）之一，同时在家庭消费、餐饮市场和食品加工业 3 个环节有非常重要的地位。

根据食醋的基本属性，按照酿造工艺可分为固态发酵醋和液态发酵醋；按照原料可分为高粱醋、糯米醋、大米醋、糖醋、酒精醋、果醋等；按照功能分食用醋和保健醋。当然，也可以按颜色分为白醋和黑醋，按度数分为4度、6度、9度等，按年份分为5年陈醋、10年陈醋等。根据食醋市场要素的产品属性，可将食醋按功能定位分类，依消费者需求可分凉拌醋、饺子醋、包子醋、宴会醋、保健用的玛咖醋、西餐用的油醋汁等。虽然目前食醋的种类繁多，但还远远没有开发到位，有待业内人士去探索。食醋企业要根据消费者的需求找到市场定位。

目前，中国的主要食醋品牌包括：山西的水塔、东湖、紫林、来福、宁化府、四眼井、古灯、陈世家，四川的保宁、清香园，江苏的恒顺、苏美、小二黑，福建的永春，山东的玉兔、巧媳妇、欣和、灯塔、德馨斋，天津及河北的天立独流、统万珍极、天赐，北京的龙门、和田宽，上海的鼎丰、宝鼎，贵州的味莼园，广东的海天、致美斋、美味鲜，浙江的双鱼，东北的正阳河，以及新疆的笑厨等。

国外的主要食醋产品，包括法国、意大利、西班牙等国的果醋，英国的麦芽醋，奥地利、美国的苹果醋，日本的粮食醋、果醋和用于日本料理的调和醋。

食醋在中国有2000多年的历史，其在发展过程中也产生了很多文化典故。因此，在做好产品的市场营销、市场拓展和消费者推广工作的同时，食醋的品牌企业特别是具有悠久历史文化的企业纷纷开展食醋文化建设，既推动了食醋市场的发展，也扩大了自身的品牌影响力。

食醋文化建设包含几个方面内容：一是开展工业旅游，如山西紫林、恒顺醋业、北京六必居等企业开拓的旅游项目；二是进行项目申遗，如宁化府益源庆历史档案入选《中国档案文献遗产名录》；三是建设相应的博物馆和文化馆，如中国保宁醋文化博览园、清香园博物馆和中国镇江醋文化博物馆等。

1.4.2 食醋细分产业发展现状

近年来，在激烈的市场竞争中，在国内外复杂的经济环境、食品经济格局下，中国调味品产业仍然获得相对稳定的成长，在我国食品行（产）业里，维持了自身的重要地位。食醋细分产业中的头部企业不断扩张，新产品层出不穷；消费者需求不断提升，消费量稳步增长。目前，食醋细分产业内部的结构正得到优化，产业集中度逐步提升，该产业持续受到资本市场的青睐。

参与 2018 年百强企业统计的食醋企业有 38 家，是整个百强统计参与企业中数量最多的，但是总产量仅占酱油总产量（2018 年百强统计中酱油产量为 462.55 万吨）的 35.65%。由此可见，食醋企业分布仍然较松散，产业集中度有待提高。

1.4.2.1 品牌集中度相对较低

食醋细分产业品牌集中度相对较低，生产企业比较分散，头部企业优势不明显。参与 2018 年百强企业统计的 38 家食醋企业中，前五大企业的市场占有率（CR5）仅为 22.28%。

1.4.2.2 市场定位更准确 品种更加丰富

以恒顺醋业为例，2018 年企业进一步加大产品的开发力度，上市了 6 款新产品，储备了 11 款新产品，并对 12 款老产品进行了配方和工艺改进。2018 年，山西紫林推出了一系列全新产品，正式拉开了拓展食醋用途的序幕。其山西陈醋系列推出了炒、拌、烩、煮等 4 种用途的细分产品，酿造白醋则推出了炖鱼汤、拌凉菜、烧排骨、炒青菜等4种用途的细分产品。

此外，调味食醋中的水果发酵产品也逐渐受到消费者的欢迎，食醋生产企业在生产调味型产品的基础上也开始向饮用、保健等相关领域拓展，品种不断丰富。

1.4.2.3 新零售、新餐饮、智慧餐饮兴起

1. 新零售

盒马鲜生、淘鲜达、京东超市等的新零售代表（B2C）及以主打“生鲜到家”的钱大妈、生鲜传奇、叮咚买菜等企业快速发展，占领了社区“最后一公里”。面向餐饮企业的互联网销售渠道得到拓展，美菜、美团等电商企业都在持续发力。这些新零售渠道推动了调味品产业传统销售渠道的变革，也给传统调味品经销商的市场定位和发展带来了挑战。

2. 新餐饮

餐饮行业的标准化、连锁化、轻型化（轻餐饮）和创新化发展，为餐饮定制调味品提供了前所未有的发展空间。国家统计局发布的数据显示，2018年全国餐饮业实现收入42716亿元，同比增长9.5%，这主要由新餐饮业推动。零售商场生态的形成促进了轻餐饮、连锁餐饮的发展。此外，餐厅不仅仅是吃饭的地方，也成为休闲娱乐的场所。各种主题餐厅、生活概念餐厅层出不穷，餐厅也希望推出与众不同的菜品，这就给调味品走向个性化、定制化带来了机遇，也给我国调味品的研发提供了广阔的空间。

3. 智慧餐饮

这是针对餐饮终端智能化和数据化服务水平提升而提出的新概念。

餐厅不仅是饮食的场所，也成为产品销售的终端，更是消费者体验的终端场景之一。因此，对线下餐饮流量的深度运营和挖掘，给调味品销售渠道的拓展带来了新机遇；也给传统行业和企业带来了挑战，食醋细分产业商业模式的突破和跨界合作的深入将成为必然。

1.4.2.4 品牌运营与专业生产出现分工

产业的快速发展，将促进专业化的分工合作，最为明显的变化是品牌企业与专业制造企业的分工合作。品牌企业与专业制造企业将各自发挥优势，进行战略合作。如苹果公司的品牌运营与专业生产环节的分离，使公司可以利用品牌优势统领产业生态，整合各方资源，协同发展。

1.4.3 食醋细分产业未来升级空间巨大

1.4.3.1 食醋细分产业不断寻求创新升级

1. 现有企业通过产业链整合　推动产业转型升级

目前，食醋企业正在进行产业的整合和转型升级。比如恒顺醋业与科研院所进行合作，以实现企业自身技术的创新升级；比如山河醋业，进行产业链的纵向拓展，得以建立稳定的原料基地。

随着国家对产业提出高质量发展的要求和劳动力成本的上升，现有食醋企业对智能制造更加重视，尤其是人工智能的应用，更给产业带来了新的机遇和挑战。食醋企业未来将会更加注重大数据分析，不断进行自我创新、自我变革和自我进化。比如，恒顺醋业的智能制造项目就入围了全国智能制造试点示范项目。该项目通过产业链、供应链和智能装备间的互联互通和态势感知，进一步提升食品安全全程保障和精益化生产的能力。

2. 新企业纷纷进入　带动整个产业进行创新

因看好食醋细分产业的发展前景，众多企业跨品类甚至跨行业进入。它们结合自身优势，顺应消费渠道、消费市场和消费群体的变化趋势，为该细分产业带来了新的生产和营销理念，为该细分产业的创新注入了新鲜血液。比如，李锦记重点推出了品类齐全的食醋产品，正式进入食醋领域。比如，饭爷在《邪不压正》影视作品中植入“蓝老爷饺子醋”，宣传方式新颖独特。

1.4.3.2　食醋企业积极践行多元化经营理念

食醋除了具有调味功能外，还是一种保健饮品，有一定的保健功能，古籍文献曾对其进行过记载。保健醋是未来食醋多元化发展的一个重要方向。食醋多元化还可以向饮料和休闲食品拓展。

1.4.3.3　食醋产品向高端化、高品质方向发展

目前，食醋产品顺应消费升级趋势，不断进行升级换代，不断向高端化发展。比如，近年来市场上出现了很多的高端醋产品。除了更加强调健康理念外，食醋产品在包装上也做了重大改进，提升了食醋的档次，被广泛用于高端消费和礼品市场。随着餐饮市场的变化，食醋细分产业

应该更加重视开发复合调味料，在口味、食用方式和营养功能等方面顺应消费需求的变化。

1.4.3.4 品牌宣传渠道和手段更趋多样

现在企业的品牌宣传渠道已经不再局限于传统的电视、广播、报纸和杂志，开始追求立体化、多元化，网络大V、网红和短视频等渠道越来越受到企业的青睐。

在传播内容上，企业要更加注重文化的传播和精神文明的宣传，通过文化导入宣传企业品牌，树立消费者的认知。比如，建立博物馆和举办文化节。通过美食纪录片等方式宣传企业品牌也会成为趋势。比如，腾讯赞助的《风味人间》，央视播放的《鲜味的秘密》，都不是直接宣传品牌，而是以企业植入的方式通过制作科普片简介来宣传品牌，影片的观赏性非常强。

1.4.3.5 线上线下融合 促进全渠道发展

目前，线下线上渠道不断融合，两者间的界限越来越模糊。新零售将成为未来规模增长最快的渠道模式。新零售不但有线上渠道的流量入口，还有线下渠道的快速配送；同时，利用积累的数据资源，通过大数据对客户的购买力进行分析，并进行有针对性的宣传。

未来，场景消费、体验式消费也将成为趋势。餐厅可能成为一个重要销售渠道。例如，黄记煌就实现了餐厅体验式营销，消费者到门店就餐，在品尝了口味独特的黄焖鸡之后，还可以购买相关产品，方便快捷。

1.5 复合调味料细分产业发展分析

1.5.1 复合调味料细分产业市场发展现状

1.5.1.1 我国复合调味料细分产业市场步入稳健增长阶段

根据百强企业数据，国内调味品总产量与总销售收入都保持逐年上升的趋势。

然而，受疫情影响，2020 年复合调味料细分产业的产量为 71 万吨，同比增长 –0.6%。

1.5.1.2 腰部企业占比高 市场竞争变激烈

根据百强企业统计数据，2020 年复合调味料产量排名前三的企业依次为李锦记、四川丹丹、丘比（中国），产量分别为 11.9 万吨、6.2 万吨、5.5 万吨；同比增长排名前三的企业依次为杭州食品酿造、内蒙古红太阳、北京六必居，分别增长 183.6%、54.5%、49.0%。百强企业中，腰部企业占比较高，市场竞争较为激烈。

1.5.2 复合调味料细分产业的“变与不变”

第一个“变与不变”在于：复合调味料技术的发展，不管是在国外还是在国内，技术、工艺一直在变，包括设备也一直在变，但是有一条不变：消费者的习惯与用户的体验不会变。荣耀中先生是太太乐的创始人，开发了适合中国人口味的、中国市场特有的鸡精（粉）调味料，所以现在不仅在国内市场大行其道，而且在国际市场的占有率也越来越高。

第二个“变与不变”在于：随着我国人民生活水平的提高，过去的要求是吃饱，现在则是要吃好。在信息社会，虽然信息传播的渠道在变，手段在变，方法在变，但是有一条不变：健康的理念不变。

第三个“变与不变”在于：产品原料在不断地变化，比如20年以前，做调味品的企业可能不知道酵母抽提物（YE），现在则广泛使用。味精原本是其下游产品广泛使用的原料，现在市场需求有所下降，所以这个是变化的，但是有一条不变：对所用原料的品质要求是不变的。所以不管是中国的复合调味料市场还是国际的复合调味料市场，都应该认识到这个问题。

中国的企业家应该先立足国内，把国内市场研究透彻。在此基础上，研究哪些东西是需要变的，哪些东西是不能变的，并向国外市场拓展。

1.6 香辛料调味品细分产业发展分析

1.6.1 香辛料调味品技术创新与产品开发

香辛料调味品主要是指以各种香辛料为主要原料加工而成的调味产品。一种是单一加工产品，如胡椒粉、芥末酱等。另一种是复合加工产品，它又分为两类，一类是香辛料与香辛料的复合产品，如五香粉、十三香等；另一类是香辛料与其他调味品的复合产品，如涮羊肉调料、火锅底料等。因此，香辛料调味品的品种范围很宽，市场前景广阔。

在香辛料调味品技术创新与产品开发方面应注意以下 3 个问题。

1.6.1.1 香辛料原料的质量

目前，我国香辛料原料的质量在国际上处于何种水平？有没有公认或者业内承认的一致看法和意见？对这两个问题需要探讨研究。众所周知，海南的胡椒、山东的大蒜、四川及湖北的辣椒远近闻名，但与国际同类原料相比存在多大差距？需要如何改良品种？我国生产加工企业应做哪些具体工作？这应该具体问题具体分析。加工原料质量的好坏直接关系今后我国香辛料调味品在国际市场的竞争力与影响力，这一点至关重要。比如，业界有人认为印度胡椒质量最好，也有人认为印度尼西亚的胡椒质量最好，到底哪个最好需要深入研究，判断标准也需要研究。又如，现在绿色芥末在我国十分流行，而在欧洲黄色芥末却广受欢迎。原因何在？再如，我国不同产地的花椒各有特点。山西的“大红袍”被公认为花椒中的上品，几乎无籽、香气浓郁、口感舒适、色泽艳丽，堪称“99 椒”（皮与籽的比例）。但是，“大红袍”是否适合生产加工，还有待专家研究。

1.6.1.2 以技术进步促发展

香辛料调味品细分产业科技进步的关键在于如何将生产技术转化为生产力。2014 年，中国香港的《明报》报道，英国科学家研究并经瑞典罗氏公司临床试验证实：中国的八角具有防癌及抗击禽流感的作用，因其含有“克流感”成分，可以用于治疗“H5N1 型禽流感病毒”感染。如果我国的香辛料调味品生产企业掌握了相关技术并开发出系列产品，其市场需求量巨大。国内企业应重视“技术如何与市场相结合”的问题。目前，我国已经有部分调味品企业一手抓科学研究，一手抓产品生产，且取得了显著的成绩。如安记食品利用复合调味品加工的保鲜技术开发了适合各种菜肴及汤料使用的“益鲜素”，适合炖排骨的复合调味料“排骨王”在餐饮业市场占有很大销售份额，这都是以技术进步促进香辛料调味品工业化、规模化生产与市场发展的实际事例。

1.6.1.3 香辛料终端产品的开发

目前，家庭用于蒸、煮、卤、酱和凉拌菜的复合调味料和单一调味品很多；但是，用于食品加工的复合调味料还远远不能满足市场的需求。

比如，河北大厂县的凯馨豆制品厂生产的方便豆腐丝产品很受市场欢迎，但其使用的调料由十几种香辛料经大锅熬制而成，很难达到标准化和规范化生产，产品质量也不能保证，尤其是对于成品缺乏进一步研究与开发。又如，日本神户一超市销售的盒装豆腐由于在包装中搭配了一种调味料，相比同样产品其价格提高了40%，大大提升了产品的附加值。所以，我们不仅要研究单一香辛料调味品的开发，还要研究系列调味品的开发及深加工，以提高产品的附加值。又如，辣椒在我国很多地区都有种植，但目前的主导产品还是辣椒粉、辣椒油和辣椒酱。今后还应该向辣椒的深加工方向发展，如辣椒籽油、辣椒红色素、辣椒碱、辣椒天然防腐剂及天然抗氧化物等系列产品。

1.6.2 香辛料专业委员会的工作职责

一是充分发挥香辛料专业委员会的作用。认真做好政府委托的管理工作，全面做好为企业服务的工作。把工作的重点转向研究开发香辛料终端产品方面，包括香辛料与其他调味品的融合和应用领域的开发。

二是对现有的香辛料调味品国家标准和行业标准进行清理和修订（包括香辛料和以其为主料的加工产品）。尤其是对没有相关标准的产品进行研究，以制定切实可行的基础标准和系统标准。

三是有针对性地做好香辛料细分产业的技术信息咨询工作，包括在中国调味品网站上进行专家答疑。

1.7 国际调味品市场分析

1.7.1 东南亚国家调味品市场分析

1.7.1.1 别有风味的泰国调味品市场

泰国调味品具有当地特色风味，泰国菜注重调味，常用辣椒、罗勒、蒜头、香菜、姜黄、胡椒、柠檬草、椰子与其他热带植物及香料提味，辛香甘鲜，别具一格。有很多调料是泰国特有的。

1.7.1.2 品种丰富的马来西亚调味品市场

马来西亚酱料品牌众多，而且各有特色，竞争激烈。比如马来咖喱、肉骨茶料包、祥珍酱油（味道比头抽更香）、马来盏（色虾酱）、阿叁酱（酸而微辣的酱）和黑白胡椒都非常有名。2016 年，马来西亚调味品零售市场总值约 20 亿马来西亚林吉特（1 林吉特约合 0.2392 美元），其中辣椒、番茄酱、酱油和蚝油的市值之和约占市场总值的 83%，海鲜酱、芝麻酱、食醋和芝麻油等约占 17%。中式酱料的市值约占市场总值的 42%，非中式酱料约占 58%。

马来西亚超市里的调味品品种丰富，有酱油、食醋、调味酱、复合调味料、味精、鱼露和调味油等各类产品，例如食醋有我国的镇江香醋、浙醋和永春老醋；其他调味品品牌主要有雀巢美极、李锦记、家乐、珠江桥和老干妈等。马来西亚当地也有很多知名调味品品牌在售。

1.7.1.3 国际融合发展的新加坡调味品市场

新加坡是多元文化交融的国度，有多种不同的信仰和习俗，从露天热闹的“小贩中心”到精致高档的料理餐厅，从博大精深的东方美食到讲究情调的西式餐饮，新加坡日常饮食丰富而美味。粤菜是新加坡最受欢迎的中国菜，以清淡及推陈出新闻名。除了粤菜，其他有名的中国菜如北京烤鸭、上海鳝鱼、潮州卤鸭、海南鸡饭、客家酿豆腐与辛辣的四川菜等，但这部分菜式多半是随着中新双方交流增多而新引进的。此外，在新加坡也可以尝到墨西哥、英国、意大利、法国、德国、奥地利、俄罗斯、美国及中东等国家和地区的佳肴。

在新加坡超市里，日本龟甲万和味滋康的酱油和食醋产品比较多，另外亨氏、联合利华和李锦记的调味酱产品种类也很丰富，服务于不同菜品的各种香辛料和复合调味料也非常有特色。

1.7.1.4 富有“香辛料王国”美称的印度调味品市场

印度的香料闻名世界，我曾多次在世界食品博览会上看到印度展商带来的香料及各种复合香料产品，琳琅满目，让我大开眼界。印度售卖香辛料的店面虽相对简陋，但是品种却非常丰富，有肉豆蔻、丁香、桂皮、孜然、胡椒、干姜等，还有一些叫不出名字的香辛料及各种各样的香辛料复合产品，印度把这些复合产品统称为咖喱。这些咖喱是店家根据客户或菜肴口味的需要，选用不同的香辛料配比，研磨混合而成。有不辣与辣的区分；有上色与不上色的区分；也有荤菜用和素菜用的区分。还有具体到各种菜肴的咖喱产品，品种非常丰富，还可以根据客户需求定制相应的产品。

印度，这个素有“香辛料王国”美称的国度，的确名不虚传，不仅香辛料产品品种丰富，而且市场巨大，几乎所有的印度菜肴都是以香辛料为主要调味品来调制和烹饪的。但是其整个产业的发展、规范管理，以及企业的运营管理水平与我国比仍存在一定差距和不足。

1.7.2 北欧地区调味品市场分析

北欧地区市场的调味品种类非常丰富，既有西餐调味品系列产品，也有东方调味品系列产品。西餐调味品产品及品牌众多，占据了北欧地区市场的主要份额。东方调味品的产品及品牌相对少一些，主要来自中国、日本、韩国和泰国。

第一，调味品以复合和方便类产品为主，有多少种菜肴或饮食方式，就有多少种专用调味品开发出来。消费者只需将调味品和主食混合，用烹饪器具烤、蒸或煮，就可尽情享用。

第二，产品的标签设计非常醒目，并且简洁明了。图形多于文字，原料及用途都可体现在图形中，消费者通过图形，就可以马上知晓这是什么产品，用途是什么、使用了何种原料。即便不识字，消费者也基本不会买错。

第三，产品包装精致、高档，包装材料轻巧，尤其是玻璃瓶分量很轻，手感也很好。而且包装形式便于使用，如粉类包装可以直接喷撒，酱类产品可以直接挤压使用等。

第四，由于饮食文化的不同，调味品使用的地域性划分非常明显。在北欧地区市场，仍然以西餐调味品为主，东方调味品以中国、日本、韩国、泰国的调味品居多。

北欧地区市场里的东方调味品涵盖了中国、韩国、日本、泰国、越南、新加坡、印度等国家的产品。产品相对丰富，主要产品包括：中国的芝麻油、花椒油、辣椒油、剁椒酱、酱菜、腐乳、火锅调料、复合调味粉；日本的味噌、寿司酱、盐渍菜；韩国泡菜、大酱；泰国的酸甜酱、鱼酱油、辣椒酱；越南、新加坡的酱汁和调味汁；印度的各种香辛料粉、咖喱粉、咖喱酱、方便调味油等。

在北欧地区市场，中国的调味品有两种类型，一种是内地生产、香港等地贸易商贴牌的纯出口产品，量不大，基本依赖当地销售；另一种是纯内地品牌，说明相关企业在做好国内市场的同时，已积极开拓国际市场。北欧地区市场里的中国调味品，产品类型和品牌都很丰富，基本能满足中餐使用的全部需求；但是，当地对我国调味品的进口，基本是从中国香港或新加坡中转的，而非从内地直接进口。李锦记产品在北欧地区市场的品种多，卖得最好。具体而言，当地的调味品品牌有中国的珠江桥、王致和、海天、宝鼎、恒顺、鹃城、吉香居、天鱼、东湖、家乐、小肥羊、海底捞、周君记，日本的龟甲万，新加坡的杨协成等。

1.7.3 西欧地区调味品市场分析①

1.7.3.1 英国调味品市场分析及思考

中国调味品在英国市场的销售空间很大。中国的调味品不仅在英国的华人家庭和中餐馆中被广泛使用，而且在英国的本土市场上也非常受欢迎。很多的本土超市，如 TESCO、ASDA 等销售的中式调味品，尤其是酱油的销售额都呈逐年上升的态势。而且很多英国人也开始了解并喜欢上了中餐，到中餐馆就餐已逐渐流行。这为中国调味品的国际化和进入英国市场提供了良好的机遇，中国调味品应该放眼更广阔的国际市场，而非仅仅盯着华人消费者，这也是中国调味品国际化的必经之路。

中国调味品实现国际化的道路还很长。从目前来看，存在几个制约因素：一是缺乏良好的产品形象和企业信誉；二是产品质量和食品安全意识与水平有待提高，需要得到国际上的认可；三是产品的销售渠道不健全或不畅通，渠道环节的增多导致了成本的增加，使很多优秀的产品因为渠道的不畅通无法进入英国市场；四是中国餐饮文化在英国的普及与推广还需时日。

实际上，几次对英国的公务出差，我都能从拜访对象的口中或多或少地听出他们对中国食品安全的担心与顾虑，使得我在去之前已经想好的一些比较不错的合作想法，因为上述问题而无法很好地展开来谈。

---

① 限于篇幅，仅介绍英国和德国的调味品市场。

1.7.3.2 德国调味品市场调研

德国超市的调味品种类繁多、包装精美、色彩丰富、价格适中，容易激发消费者的购买欲，这一点很值得国内企业学习。

通过对德国食品业“工业 4.0”应用情况的走访考察，我了解到德国企业无论规模大小和历史长短，自动化程度普遍较高，企业高度重视产品质量和环境保护，员工队伍稳定，经验丰富。老企业能够因地制宜，通过对老厂房进行改造以达到现代化生产的要求，从而使百年品牌更具活力。当然，在我国对智能制造日益重视的背景下，国内调味品企业的技术水平有了快速提高，正在缩小与国际先进水平的差距，甚至有部分企业的智能制造应用已经达到国际先进水平，智能制造应用前景广阔。

1.7.4 国际调味品产业三大发展趋势

进入 21 世纪以来，随着人们生活水平的提高和对健康、营养和美味要求的进一步提升，国际调味品消费情况出现了明显的变化。

一是单一调味品产销量呈下降趋势。如盐、糖等传统调味品消费量下降；日本酱油的消费量下降了 10% 左右，最近几年的年产量一直在 100 万吨左右；欧美及韩国等国家和地区的食品和调味品标签中则明确标示：该产品不含味精。综观全世界各个国家的饮食习惯，减盐食品、低盐食品和低钠食品渐成风气；用其他调味品代替食用盐已成为饭店厨师和家庭主妇的习惯性操作。如烹调时放了酱油、鸡精调味料等调味品，就不需要再加入食用盐了。

二是复合调味料供需呈上升趋势，新产品、新工艺和新技术不断涌现。这种状况出现并得以持续发展，是餐饮业在全球迅猛发展和由家庭厨房革命引起的必然结果。如方便食品的发展带动了复合调味料的升级换代，也带动了风味调味品的出现；而风味调味品的发展又带动了休闲食品的发展，如风味豆腐干、休闲麻辣小食品和各种膨化休闲食品的出现。而各种休闲小食品的不断出现，又促进了以咸味香精为主的咸味配料品的发展。这种发展趋势不但迎合了人们对低糖、低盐食品的需求，而且带动了天然调味料的研发和发展，如用于补钙的骨类调味料的发展。

安琪酵母生产的 YE 即是广泛用于调味品和食品领域的配料，具有低盐的特点和良好的品质。它是利用现代生物技术将酵母菌体内的蛋白质、核酸类物质进行降解，再经一系列精细加工，得到的粉状、膏状或液体状的产品，具有营养价值高、滋味醇厚的特点，可增加食品的鲜味和醇厚味，还可以掩盖一些不良气味。YE 目前已成为广泛应用于调味品及食品行（产）业的中间原料。2008 年，我国的 YE 产量已经达到 2 万吨，约占世界 YE 产量（12 万吨）的 17%，发展前景广阔。

三是东方调味品与西餐调味品融合的速度加快，做到了和而不同，你中有我，我中有你。传统意义上，东方调味品以发酵品为主体，如酱、腐乳、酱油、醋等；西方调味品以洋葱、芥子、黑胡椒等为主。上述情况在近几年则出现了较大变化，东、西方餐饮业和所用调味料开始在对方国家流行。如色拉酱、烤肉汁、鹅肝酱、油醋汁、烤牛排调料、串烧调料和炸鸡料等在中国渐受欢迎；中式快餐在美国快速普及，如美国的“熊猫”快餐就针对东、西方人的消费和饮食习惯推出了高、中、低档次的风味快餐，市场火爆。

如麦当劳、德克士、必胜客和肯德基等西式快餐业在我国获得成功后，又进一步针对中国餐饮的特点，推出了“老北京鸡肉卷”“螺蛳粉”等纯中式产品。而我国调味品生产企业也根据市场消费需要推出“番茄酱”等中西融合的调味品。

第2章 中国调味品产业管理

2.1 调味品产业规范化管理的4个问题

2.1.1 调味品产业将迎来高质量增长新时代

2021年3月5日，国务院总理李克强在十三届全国人大四次会议上做政府工作报告。在谈到“十四五”时期的主要目标任务时，报告中多次出现“高质量”这一关键词。报告提出，“十四五”时期是开启全面建设社会主义现代化国家新征程的第一个“五年”。我国发展仍然处于重要战略机遇期，但机遇和挑战都有新的发展变化。要准确把握新发展阶段，深入贯彻新发展理念，加快构建新发展格局，推动高质量发展，为全面建设社会主义现代化国家开好局起好步。上述论述值得调味品产业高度重视。

随着人民生活水平的提高与对美好生活的追求，我国调味品产业进入高质量发展阶段。很多品牌企业的生产做到了从农田到餐桌的产业链追溯，保证了产品的安全、品质与风味。随着科学技术的进步，调味品产业的研发水平获得提升、新品不断迭代与产品包装的换新均满足了不同消费人群的需求，减盐、减糖等产品的推出为消费者提供了更加多样的选择，智能制造车间的应用极大地提高了生产效率并保证了产品的品质。总之，无论是生产、开发还是经营，业内企业都在向高质量发展的方向前进。

根据2020年百强企业数据统计，调味品2020年生产总量和销售收入分别同比增长了5.9%和7.2%。销售收入增长高于产量增长1.3个百分点，说明调味品产业开始进入高质量增长的新时代。

目前，调味品产业有3个方面的变化。

一是国企混合所有制改革将加快调味品企业的兼并重组和产业集中度的提高。处于竞争领域的调味品国企面临改革抉择和困境，机会与风险同在。如中炬高新的实控人由当地政府变为资本运作高手姚振华先生，由其控股的中山润田持有24.92%的股份，成为第一大股东；中山市政府控制的中山火炬集团持有10.72%的股份，成为第二股东。鲶鱼效应逐步显现。

二是消费升级成为经济转型的基础。产业头部企业除海天味业外，涪陵榨菜、安琪酵母、恒顺醋业、千禾味业、安记食品、佳隆股份、梅花生物和加加食品等上市公司正在成为食品和餐饮业消费升级的主导企业。如加加食品目前正在调整发展战略，向减盐生抽和餐饮市场产品转型；以生产川味火锅底料为主业的天味食品于2019年登陆主板市场。今后，主业推进、术业专攻将是调味品企业发展和改革的重点。

三是食品安全监管工作的全面深化。2019 年出台的《中共中央　国务院关于深化改革加强食品安全工作的意见》应引起行（产）业和企业的高度重视。2019 年“3 · 15”国家对辣条劣质产品的曝光和查处，将促进各级政府全面加强食品及调味品的安全监管。行（产）业管理和企业管理都应积极适应这种变化。

2.1.2 如何区分食品行（产）业管理和安全监管

食品行（产）业管理的内容包括工艺技术进步、产品结构调整和产品创新，开发适销对路产品，加强对“大单品”、风味食品、特殊食品等供给侧结构性改革方面的管理；包括制定和修订产品质量标准，提高产品附加值和延长产业链，引导市场消费行为的管理；包括开发食品生产机械设备、包装材料、新型包装和产品储藏保鲜设施及使用方法等；包括智能制造、电子商务运行所需的便利条件和物流方面的管理等。

食品标准化管理是食品行（产）业管理的一项重要职能，对应的法规文件是《中华人民共和国标准化法》。食品行（产）业管理的实施单位为食品生产企业和相关行业协会。目前，相关政府部门未明确管理食品行（产）业的职能和任务，只有工信部有发布食品行业标准的职能。

食品安全监管的内容包括食品安全政策、强制性标准的制定和实施，以及涉及食品安全违法犯罪案件的查处和移交公检法过程等。食品安全监管的实施单位为国家市场监管总局、国家卫健委和公检法等政府部门。例如，2019年4月1日起执行的《学校食品安全与营养健康管理规定》，是由教育部、国家市场监管总局和国家卫健委联合发布的食品安全监管规定之一。

2.1.3 食品比较实验的理性认知和信息披露的规范化要求

2.1.3.1 食品比较实验的概念

食品比较实验，即通过对食品理化指标和卫生指标的对比分析，对食品质量及安全性能做出评价，供食品生产行业及企业参照改进和提高，提高消费者对食品安全的理解及安全性的认知。

2.1.3.2 食品比较实验的机构

第一，生产企业：供内部比较实验；

第二，销售企业：合同要求；

第三，第三方机构：官方或检验机构等。

2.1.3.3 食品比较实验的依据标准

第一，国家标准、行业标准、团体标准、地方标准和企业标准；

第二，国家安全标准和地方安全标准；

第三，特殊标准：如原产地保护标准等。

2.1.3.4 需要注意的几个问题

第一，客观、中立是前提，严戒主观判断。

第二，市场监管指标是比较实验的主要指标和内容。市场监管以外的指标一般不应公开和披露，应企业要求公开的指标在符合法律法规的前提下可以提供。

第三，食品比较实验应尊重行业产品特点，如调味品比较实验中的感官指标和理化指标相比有其特殊性。同样是酱油，氨基酸态氮的含量同为 0.50g/100mL，但酱油的酱香和酯香是不同的。有时候有的氨基酸态氮为 0.60g/100mL 的酱油，其酱香和酯香可能不如氨基酸态氮为 0.50g/100mL 的酱油。而理化指标及卫生指标的比较则好判断。

2019 年 1 月，《消费者报道》杂志披露：山西有 2 ～ 3 家食醋生产企业的山西老陈醋不符合山西老陈醋地理标志产品的标准。其总酸、不挥发酸、还原糖和氨基酸态氮等理化指标不达标，有欺诈消费者之嫌。

就本案来讲：

首先，总酸指标低于 6.00g/100mL，可视为不符合山西老陈醋地理标志的产品标准；但符合国家食醋标准，消费者可放心食用。《消费者报道》的信息是客观、真实的。

其次，不挥发酸、还原糖和氨基酸态氮指标不属于我国食醋标准产品的检测项目，因为食醋质量的优劣和风味差异不由这些指标决定。比较实验的结果供企业之间研讨交流之用与市场监管无关。

最后，山西老陈醋原产地标准的总酸指标定为 6.00g/ 100mL，我认为是偏高的，主要理由有二：一是全国各地都不太喜欢酸度太高的食醋；二是山西省有些厂家的老陈醋总酸指标低于6.00g/100mL，不乏名企。所以，在标准本身的合理性值得商榷的情况下，将其用于比较实验的意义不大。

第四，加强食品安全信息发布管理。任何组织和个人未经授权不得发布国家食品安全总体情况、食品安全风险警示信息，不得发布、转载不具备我国法定资质条件的检验机构出具的食品检验报告，以及据此开展的各类评价、测评等信息。当各级食品安全监管部门发现有组织和个人违法违规发布食品安全信息时，应会同有关部门依法严肃查处，并向社会公告。

第五，食品比较实验的信息发布应注意目的是否明确、时间是否及时和发布机构的选择是否恰当。

首先，弄清楚为什么要发布比较实验？是为了辨别真伪还是引导消费？

其次，注意信息发布的及时性。2018年就发生过对两年以前的检测情况发布信息的事件。

最后，信息发布机构的选择应当具有权威性、正当性。

如果以上3个问题无法确定，就不要发布食品比较实验的信息。

2.1.4 调味料酒的用途和管理

调味料酒属于复合调味品，不能饮用。调味料酒，是广泛用于烹饪、腌制的复合调味品，具有去腥、除膻、解腻和增鲜的作用。在国家对食品行（产）业的管理中，调味料酒是按照调味品，而不是酒类产品进行管理的。比如在税收方面，调味料酒是不征消费税的。中国传统的黄酒虽然可以用于烹调，但它不属于调味品的管理范畴。

2.2 正确处理调味品生产和管理的五大关系

人民生活水平的提高和餐饮业市场的变化，对我国的调味品生产和管理提出了新的挑战。为了适应食品加工业和家庭厨房革命的需要，调味品的生产、管理和市场开拓需要处理好以下关系。

2.2.1 正确处理产品名称和商品名称的关系

产品名称包括标准名称，如酱油、食醋、蚝油、辣椒油、鸡精调味料等。

产品名称也包括类别名称，如酿造酱油、酿造食醋等。

产品名称还包括学名和别名等，如酱油在文章中的学名和产品标准名称是一致的。而生抽则属于别名，与产品的标准名称不一致，是约定俗成的称呼。

商品名称可以是标准名称，也可以是类别名称，还可以是学名和别名。同时，还可以是企业自己定义的名称，如美极鲜、美味鲜、蒸鱼豉油、日式酱油、原酿造酱油、本酿造酱油等。

2.2.2 正确处理生产工艺和产品配方的关系

以酱油为例，生产工艺分为两大类：一类是高盐稀态工艺；另一类是低盐固态工艺。

高盐稀态工艺包括日晒夜露的广东工艺、日本工艺和具有地方特色的天然晒制，其工艺原理是相通的。

低盐固态工艺属我国独创。其工艺技术的改革主要是蒸料设备和制曲设备的改进，典型代表为管道蒸料机和圆盘制曲机。

酱油的生产配方有很大的不同，包括色、香、味均有不同的要求和特点。不同配方生产的酱油，对应的商品名称也会有较大的不同。有的产品的生产配方是严格保密的。

正确处理生产工艺和产品配方的关系，对企业新产品开发和消费市场定位有重要影响和作用。

2.2.3 正确处理行（产）业管理和市场开拓的关系

行（产）业管理的主要职能是服务，而优质服务的体现是提供好的行（产）业发展思路和战略定位。如对方便面市场变化的分析和解读是为调味品生产企业提供开发新产品的思路，提出调味料酒市场开发的方向是为拓展调味料酒功能提供新的商业契机。自古以来，酒类产品则可以用于烹调，尤其是黄酒。

市场开拓是调味品产业管理工作的重要内容之一，是企业管理人员和技术人员共同的工作目标，也为企业家发挥才能提供了用武之地。

2.2.4 正确处理安全指标和理化指标的关系

第一类情况，安全指标是“底线”，但理化指标一般不设“底线”。前者是强制性的，后者是推荐性的。

第二类情况，安全指标和理化指标是一体的，但不能突破安全底线。这种情况比较少见。

如何正确处理理化指标和食品安全指标的关系是一个比较复杂且具体的问题。如果处理得不好，则会给企业的生产和市场管理造成诸多麻烦，也不利于企业的生存和发展。

目前，对上述两者关系的研究和定位严重不足。政府无暇顾及，行（产）业少人过问。只能依靠本行（产）业有责任感的从业人员发挥作用了。目前，虽然没有一个业界达成共识的标准，但有一点必须明确：不能用安全指标代替理化指标。只要企业生产的调味品对人无害，就应该允许百花齐放、百家争鸣，并由企业制定特色标准，而国家产品标准的制定则应找出“最大公约数”，而不是用某个区域性的消费习惯和特点来约束另一个区域性的消费习惯和特点。否则，食品尤其是调味品就不能彰显特色。没有了特色，也就没有了市场。

关于食品添加剂的使用问题，推荐中国调味品协会科学技术委员会主任委员孙宝国院士的观点和看法。

2.2.5 正确处理行政监管和行（产）业管理的关系

食品业的行政监管和行（产）业管理不是一个概念。结合党的十九届三中全会之后国家机构的改革和职能转变，我对食品安全监管工作有如下看法。

第一，要认清执法和监管的区别。一般来讲，执法中的“法”，是具有一般性的规则，它与特定目标无关，执法公平是基本原则。监管规则是为实现特定目标制定的。市场经济需要公平执法，而监管不当容易造成不公平、不公正的现象或人为增加市场运行成本。这是下一步食品安全监管需要解决的首要问题，也是基本问题。

第二，目前的食品安全监管体制与之前相比发生变化，基调是偏重市场监管。

第三，食品安全风险评估职能建议划归新组建的国家卫健委，国务院食品安全委、国家认监委和国家标准委的相关职能都划归国家市场监管总局。

第四，食品业的行（产）业管理职能可以划归工信部，但机构改革方案中没有表述。这是否为行业协会的职能发挥提供了操作空间，目前没有定论。

第五，食品行（产）业管理中的社会组织专业人员严重匮乏成为新常态。

第3章 消费升级中的调味品产业发展研判

3.1 调味品产业发展趋势研判

根据我国当前经济发展态势和调味品产业、餐饮业的有关情况，本书从把握大势、提高产品毛利率、调整产品结构、提升品牌效应和全面开拓市场这5个方面进行研判和提出看法。

3.1.1 把握大势

宏观经济需要宏观把控，在研究微观经济、企业经营和行业协会时，一定不要脱离大势，因为它们与现实宏观环境息息相关。

2019年，我国GDP增速为6.1%；2020年，为2.3%。世界银行预计，2021年我国GDP增速为8.5%。2019年，我国餐饮业收入同比增长9.5%；

2020年，同比下降16.6%。目前，在我国经济逐步回暖的情况下，调味品企业还有较大的发展空间。如何把握大势，值得企业研判。

3.1.2 提高产品毛利率

调味品产业的毛利率一般在15%左右，但是毛利率在这个水平上，企业基本上不盈利。产业头部企业海天味业、恒顺醋业的毛利率均在40%以上，这样利润才比较可观。但是，在毛利率大致相同的情况下，企业之间仍然有较大的差距，这与产业细分有关（比如酱油和食醋细分产业），同时又与企业规模效益密切相关。提高毛利率是企业发展的基础，比如中炬高新的毛利率在37%以上，加加食品的酱油在35%以上、调味品在34%以上、粮油制品在12%以上，北京王致和在30%左右。对一家企业来讲，毛利率是衡量企业发展的重要指标之一。

3.1.3 调整产品结构

对调味品产业来说，调整结构是属于供给侧结构性改革的一项长期任务。吴敬琏教授认为，供给侧结构性改革不能只进行“供给侧改革”，而应从供给侧找问题，然后通过结构性改革来解决。供给与需求是经济学研究的两个重要方面，是不可分割的。

产品创新是调整产品结构的重要方面。作为产业管理者，中国调味品协会时刻关注产业发展的经济数据变化。作为消费者，一般会关注产品的性能。比如，我曾在武汉参加全国性的豆制品会议，发现提供的酱油佐料口味很好，与会人士认为，其与日本的龟甲万风味无异，实际上这是广州一家大企业的产品，这完全可以证明国内的酱油风味开发已经达到很高的水平。这就是真正的产品创新。所以我认为，产品的创新属于结构调整的重要内容，有很多文章要做。

酱油和调味酱企业，包括原辅料生产企业，都应该进行广泛的技术交流。中国调味品协会是做服务工作的，应尽最大努力为产业提供优质服务，包括技术咨询、国内外技术交流和各种形式的培训等。

3.1.4 提升品牌效应

国务院决定从 2017 年起，将每年 5 月 10 日设立为“中国品牌日”。我认为，提升品牌效应也属于供给侧结构性改革的重要内容。虽然提升品牌效应包括很多方面，但提高产品的附加值是重中之重，不同的企业应有不同的对策和发展战略。

3.1.5 全面开拓市场

调味品市场的开拓重点在于找机会和抓住机遇。

一般来说，开拓市场一定要研究透消费市场的现实情况及未来潜力，做到有的放矢、对症下药。应寻求以下 5 个方面的突破。

第一，营销创新。如林依轮先生在整合现有资源的基础上创建了“饭爷”辣酱品牌，通过产品定制和互联网渠道营销，取得了不错的业绩。

第二，技术创新。如海天味业的智能制造。

第三，提高大单品的市场占有率。老抽和生抽是厨房里常见的两种酱油产品，应该努力提高其市场占有率。同时，应解决好其上色和风味两种需求。加加食品在业内率先提出了原酿造的概念，与日本的本酿造无异，但后续质量和风味要赶上。而“面条鲜”就属于大单品开拓市场的重要抓手。

第四，关注消费市场变化。如高端餐饮需求下降、外卖和大众餐饮需求上升等现象需要关注。

第五，正确看待资本运作。

3.2 酱油与食用盐面临消费升级

3.2.1 理性消费推动酱油消费升级

3.2.1.1 产品结构的变化和调整

产业结构的变化和调整包括食品饮料中有机产品和健康产品的品类增加，餐饮业中质量要求的普遍提高，方便、适用及特色产品需求的增加，外卖产品和服务要求的提高等。

调味品的知名品牌都根据市场需求开发了细分产品，比如酱油细分产业的蒸鱼豉油，调味酱细分产业的牛肉香菇酱，酱腌菜细分产业的木瓜丝，复合调味料细分产业的小龙虾调味料等；比如迎合减盐、减糖的健康需求的一些酱油、调味酱产品，虽然在价格上有所提高，但仍颇受消费者青睐，更多有消费能力的人群会选择更贴近需求的较高价位产品。从贵州茅台与海天味业的股价比逐渐缩小，也可从侧面看出调味品的价值提升与消费升级趋势。我在 2018 年 3 月写《关于海天酱油和茅台酒的猜想》一文时，曾研究过贵州茅台与海天味业的股价比，当时为 12∶1，后来为 10∶1，现在已调整，我预测贵州茅台与海天味业的股价比在 8.5∶1 左右。

3.2.1.2 供给侧结构性改革促进消费升级

未来消费需求强劲的领域分别有信息与 IT 产业、健康与医药产业和餐饮及娱乐服务业，它们都有供给侧结构性改革的空间和消费升级换代的需求。

3.2.1.3 人民群众对美好生活的追求和体验式消费的增长

其中，体验式消费增长主要体现在文化性消费、休闲性消费和愉悦性消费等方面。

3.2.1.4 依法监管促进消费升级

政府依法查处假冒伪劣产品，行业协会引导合理消费，企业宣传绿色消费理念，都会促进消费升级。

社会上出现个别不良现象，某些不良组织和媒体对明显违反国家标准的企业淡化处理，对优质品牌企业和非市场监管标准随意解读，混淆黑白，对正常的社会消费造成不利影响，这需要政府下一步严加监管并正确引导。

综上所述，我认为消费增速减缓并不是消费降级，理性消费正在成为消费升级的主流。

3.2.2 食用盐面临消费升级

食用盐专业委员会是中国调味品协会为了配合政府有关部门加强依法监管、进行产业引导专门成立的专业委员会。食用盐是制盐业的主要产品之一，过去农村腌菜用的是大粒盐，没有质量高低之分。现在食品行（产）业主要使用原盐、普通盐、精盐、海盐、湖盐、井盐等。下一步要开发功能盐，包括健康用盐、特色用盐、专用原料盐等，同时做到科学用盐、理性用盐，尤其要促进食用盐的消费升级，这是中国调味品协会和食用盐专业委员会需要认真考虑和理性对待的现实问题。

3.3 再谈食醋细分产业的发展战略

3.3.1 关于山西醋业发展的观点

2002年，中国调味品协会在山西召开全国食醋细分产业发展会议时，我曾强调食醋细分产业要转变观念、转变机制、重视人才培养和技术创新 4 个方面的观点（已收录在《中国调味品产业发展》一书），这 4 个观点虽然到现在也不过时，但是需要发挥企业家和产业管理者的才能不断加以完善。

2002 年，山西省政府和清徐县政府提出“通过政府引导，组合山西食醋企业，做强做大山西醋产业”。我认为，政府以行政命令的方式介入企业的生产经营，不符合市场经济发展规律。当时，地方政府提出到 2005 年山西食醋产量达到 50 万吨。我当时是这样表态的：“利用 10 年左右时间，使山西省出现 3 ～ 5 家年产 5 ～ 10 万吨的企业，以奠定山西食醋在全国食醋细分产业的地位。”10 年后，山西真正达到上述级别的企业只有水塔、紫林和东湖 3 家企业。我当时的理由是：生产的产品卖给谁？潜在市场在哪里？仅把山西陈醋和镇江香醋的数字简单叠加以反映中国食醋细分产业的情况是不切实际的，因为全国的食醋企业分布比较广泛。比如河北的石家庄珍极酿造年产量为 3 万多吨，山东淄博的玉兔和巧媳妇各自年产量为 5 万吨左右，贵州的味莼园为 3 万吨，天津天立独流和四川保宁为 3 万～ 5 万吨，全国还有 30 多家中型食醋企业。虽然山西陈醋和镇江香醋是中国最具特色的调味品，但无法代表我国食醋细分产业的整体发展状况。

3.3.2 需要正确处理 3 种关系

第一，要处理好传统产品、传统文化和现代营销与传播的关系。就食醋细分产业而言，要保持传统产品的特色，在保持传统工艺的基础上借助现代的营销理念和传播渠道进行产品宣传和品牌传播。从“东湖醋文化园”到“老西醋博园”，主打山西醋文化，主要保持传统工艺，保留产品特色，弘扬山西醋文化，不在量上做文章，重在提高产品的附加值，这是一条很好的发展道路。

第二，要正确处理规模生产、规模效益和企业持续发展的关系。食醋企业要在提高产量和效益的同时，时刻关注企业的可持续发展，比如某企业的年产量有10万吨，合资方希望通过投资达到50万吨的规模，但是由于市场调查研究不充分，扩张目标没能实现导致投资失败、企业利益受损，这需要企业引以为戒。因此，企业必须探索出一条适合自身实际情况的可持续发展的道路。

成功企业的做法值得我们深思。比如广东天地壹号饮料股份有限公司成功研制了醋饮料，其实有很多醋厂都在生产醋饮料，但是都用传统销售食醋的思路和方法来销售醋饮料，结果就难以获得可持续的发展。“天地壹号”2011年销量10万吨、销售额10亿元，占广东80%的市场份额，全国40%的市场份额，2012年经过深圳一家投资公司注资2.4亿元后，获得了新的发展，营业收入已达25亿元以上。由此可见，发酵型饮料的营销模式完全不同于传统食醋的营销模式，希望相关企业通过这个案例可以得到启示，给企业的可持续发展创造条件和划定目标。在2021年的山西食醋文化节上，交通银行已和水塔、紫林签约，说明两家企业选择了走规模效益的道路。目前，它们已经是全国知名的食醋生产企业，产销量排在全国前列。企业既然有了正确的战略选择，就要扎扎实实地向前走。

第三，要处理好生产和终端产品管理的关系。这是今后很长一段时期企业需要特别注意的问题。企业生产的管理与终端产品的管理有着明显的区别，我们有时候会将生产管理的问题当成终端产品管理的问题去讨论，有时候把政府或者行（产）业管理的内容放到生产管理中去讨论，这都是认识上的误区。比如有的人一讲到酿造和配制食醋，认为协会应该重点研究终端产品的检测问题。这是中国调味品产业管理工作的重点吗？我认为显然不是。如果行（产）业管理把工作重点放在通过哪一项指标或者检验能够区分酿造醋和配制醋上面，我想食醋细分产业永远走不出一条正确的发展道路。

人们往往在食品安全问题发生后将原因归结于检测标准的缺失上，例如，“三聚氰胺事件”“塑化剂事件”“地沟油事件”等。然后，相关机构就动用人力、物力和财力去制定检测标准，以为有了检测标准，食品安全问题就解决了。这种行为实际上是错了，大错而特错。我在已发表的《食品安全应该管什么？管不了什么？》的文章中就明确提出，食品安全问题属于行政管理的范畴，政府职能部门和执法部门应该对食品安全违法事件一查到底，绝不姑息。有兴趣的读者可以认真研究一下这篇文章，也可以就不同观点进行探讨。

3.3.3 需要注意的几个问题

第一，关于企业联合。我认为企业联合是好事，但是不能通过行政命令来实现，这跟我十几年前的观点是一致的。所有的企业联合都应建立在产权明晰和双方自愿的基础之上。这里涉及市场准入的问题，不要以为你在别的行业赚了钱，看到其他行业遍地是黄金就往里面投，如果你不了解该行业的情况，甚至可能血本无归。目前，调味品产业区域生产需要调整，因为市场需求总体上趋于饱和。从改革开放之日起调味品产业的企业联合和产业整合就已开始，比如恒顺醋业、加加食品、海天味业等企业都是通过联合或者整合的模式发展壮大的。

有些地方企业的联合，政府口号喊得很早，但是由于企业家的反对或种种原因未能成功。山西的水塔、紫林、东湖可以通过企业联合走上市发展的道路，当然这只是一种愿望。如果企业家不愿意联合，那就做自主品牌。企业不要贪大求全，更不应寄希望于通过行政力量推动企业联合。

第二，关于标准。针对食醋标准我有以下观点：现在的食醋国家标准、行业标准和原产地标准都有。总体上讲，目前调味品产业的标准是符合产业发展现状并能够引导产业健康发展的，老陈醋地理标志产品标准制定或修订的基本原则是不降低原来的标准。山西老陈醋地理标志产品标准中规定老陈醋不加防腐剂，这是原产地标准和企业的承诺，必须做到。但在食醋中加防腐剂国家是允许的，不加防腐剂并不比加了防腐剂高人一等。企业在宣传时一定要把握好度，切忌夸大和自吹自擂。例如，我国食品行（产）业的著名专家孙宝国院士就不主张企业在食品标签上标示“本产品不添加、不含某某物质”。过去山西老陈醋的总酸指标大于 9.00g/100mL，后来由于消费者不喜欢和销量不高该指标被降低了。但现在总酸指标定在 6.00g/100mL 是否合适？虽说它是强制执行的标准，但老陈醋的风味不仅仅是总酸指标就能代表的。对于食醋品评师，我个人认为不宜推广，产品的风味和喜好应该由广大的消费者来决定。

第三，关于公益性宣传。一些企业家提出的食醋细分产业的公益性宣传我认为可以尝试，比如中国调味品协会推广的铁强化酱油项目，曾在每周的《中国食品报》进行专版宣传。一些合理的媒体宣传对产业的发展有好处，但不能过分炒作。当然，我认为企业开拓市场不能仅靠宣传。比如对于调味品，营养有没有？有！但不能忘了其基本作用是调味，而不是补充营养。所以，对产品功能的宣传需要具体问题具体分析。

第四，关于产业管理。产业发布的统计数据要有可比性，有数据有分析。目前，全国食醋的年产量大约为300万吨。中国调味品协会现在只发布百强企业数据，供大家参考。另外，中国调味品协会今后可以尝试开辟和地方调味品协会的合作渠道，加强联系和沟通，为广大会员和企业更好地提供服务。

随着消费水平的不断提高，尤其是农村的消费水平“上台阶”，国内调味品市场正处在升级换代中，这也是一种调结构——上档次、上品种、上质量，当然价格也会上去，这是当前国内食品行（产）业的一个新亮点。目前，仍然是食品行（产）业发展的重要战略机遇期，调味品产业既面临机遇，也得接受挑战。如何提升创新能力、加快转型升级、优化产业结构，如何提高食品行（产）业安全水平，提升品牌影响力、国际竞争力，将是业内企业必须解答的问题，也是难题。

3.4 调味酱细分产业发展研判

3.4.1 调味酱细分产业发展概况

调味酱细分产业近些年的发展态势良好，前景广阔。调味酱产量持续上升、品类发展完善、产品多样、市场发展成熟、标准体系健全，并在“互联网 +”的市场格局下，实现了营销模式的创新与变革。调味酱细分产业正在这一系列的变化中蓬勃发展、稳健前行。调味酱细分产业的发展概况，我将从以下几个方面进行介绍。

3.4.1.1 调味酱产品分类

调味酱可以按照产品的基本要素和市场要素两种方式来区分。产品的基本要素包括工艺、使用功能、原料、市场需求等。按工艺可分为发酵型和非发酵型；按使用功能可分为涂抹酱、凉拌酱、蘸食酱、烹饪酱、煲汤酱等；按原料可分为番茄酱、蒜蓉酱、辣椒酱、海鲜酱、蔬菜酱、豆类酱、菌类酱等。根据市场要素中产品的市场定位，可分为披萨酱、通心粉酱、拌饭酱、意面酱、烧烤酱、沙拉酱、河粉酱等。

3.4.1.2 国内外主要调味酱产品及品牌

国内调味酱产品的地域分布较为广泛，主要有：华北地区的豆瓣酱、牛肉酱、黄豆酱、甜面酱、芝麻酱、蒜蓉辣酱；华南地区的广东叉烧酱、沙茶酱、海鲜酱、虾酱，海南黄灯笼辣椒酱，桂林辣椒酱；西南地区的贵州油辣椒、风味豆豉酱，四川的豆豉、豆瓣酱、辣椒酱；华中地区的湖南剁椒酱、河南香菇酱；台湾地区的沙茶酱、五味酱、甜辣酱、辣豆酱、拌面饭酱。国际上的调味酱产品以欧美、东南亚、日韩的品类为主，主要有：欧美的复合调味酱、辣椒酱、烧烤酱、面酱、通心粉酱、咖喱酱；东南亚的风味酸甜酱、泰式辣酱（辛辣酱、甜辣酱）、泰式酸甜酱、果酱、咖喱酱、泰式面条酱、泰式河粉酱、咖喱酱；日韩的日式味噌、日本芥末酱、韩式大酱、韩式辣椒酱。

中国调味品协会近年来对英国、澳大利亚、美国、加拿大及西欧、北欧等国家和地区的调味酱市场进行了考察，并参观了当地具有代表性的超市和食品批发市场。如英国的荣业行，北欧地区的赫尔辛基食品批发市场，瑞典的香港贸易行、东方行、亚洲超市，澳大利亚、比利时、意大利、美国和加拿大等国超市。这些超市都有来自中国的调味酱产品，其中李锦记、珠江桥等品牌在国外超市铺货率较高。西餐复合调味酱、沙拉酱、番茄酱、辣椒酱、韩式酱料、泰式酱（酸甜酱、辣酱）等调味酱产品较为普遍。

欧美复合调味酱的市场巨大，产品极其丰富，值得中国调味酱企业学习的地方有以下几点：①西餐调味酱产品品种丰富、食用方便。②产品的标签设计非常醒目，并且简洁明了。③产品包装精致、高档，包装材料轻巧。

3.4.1.3 调味酱细分产业标准体系建设

我国调味酱细分产业的标准体系建设相对完善。由于调味酱存在地域性差别，品种丰富，原料千差万别，因此在调味酱标准体系中占比最大的是企业标准。现行的相关标准有：《食品安全国家标准 酿造酱》和国家标准《黄豆酱》；行业标准《甜面酱》《番茄调味酱》《虾酱》《蛋黄酱》《沙拉酱》《芥末酱》《甜面酱检验方法》《黄豆酱检验方法》；云南省食品安全地方标准《滇味酱》等。

3.4.1.4 调味酱细分产业的营销创新

在“互联网+”的格局下，调味酱企业需要与时俱进，创新思维模式、完善渠道建设、促进营销体系的变革。企业的营销创新工作主要体现在以下几个方面。

第一，建立“互联网+”思维。随着“互联网+”对各个领域的渗透，调味酱细分产业的渠道结构也正在面临调整与变化，中间环节逐渐消失，厂商边界逐渐模糊，形成了垂直体系。无论是企业还是经销商，都需要审慎地面对市场的变化，快速树立起“互联网+”思维，跟进商业模式调整的步伐。

第二，采用新兴的媒体宣传方式。随着互联网的兴起，调味品企业的宣传推广在保留传统媒体推广的基础上，还将采用多样化、立体化、碎片化的新兴媒体宣传方式，这些方式具有及时、快速、针对性强、成本低等优势，成为企业宣传的必要方式。因此，建立全媒体宣传体系，成为企业品牌宣传的关键。

第三，渠道定制产品的开发与推广。消费需求的变化，带来了新的消费需求。建立全渠道的销售体系，开拓并定制相应的产品，企业将会有更大的发展空间。如开发适合互联网销售的产品，与 O2O 平台合作，进行产品定制与营销等。调味酱细分产业正在尝试推出新的产品，比如相声演员岳云鹏的“耗辣椒”辣椒酱以及恰恰的“蓝瘦香菇肉丝酱”，都顺应了新的消费形势及迎合了消费者的心理。

3.4.2 调味酱细分产业市场前景广阔

未来，我国调味酱细分产业有很大的发展空间，市场前景广阔，体现在消费潜能进一步释放，优胜劣汰加剧、资本整合速度加快，科技进步突飞猛进，国际化进程加快，供给侧结构性改革推动调味酱细分产业升级等方面。

第一，消费潜能释放。饮食结构的调整与餐饮业的发展，将促进调味品产业的升级。另外，消费者健康意识的增强，以及为迎合渠道需求而产生的新型高端消费模式，也为高档调味酱消费量的增长提供了契机。

第二，优胜劣汰加剧，资本整合力量加强，产业升级换代与集中度提升。具有一定影响力及发展历史悠久的品牌企业，开始受到资本市场的高度关注，同时相关企业也开始涉足调味酱细分产业，希望分享调味酱细分产业快速发展的成果。

第三，科技进步突飞猛进。产业越来越重视科技的推广应用，科技成果的产业化成为推动产业升级换代的主要标志，产业的稳步增长为科技进步提供了发展机遇。

第四，国际化进程加快。中国调味品产业的国际化需要着力于3个方面：①建立国际化运营思维；②国际食品企业并购与资本合作；③拓展国际渠道。

在推进国际化进程时，企业要先建立国际化运营的思维、学习国际上先进企业的管理及运营经验。国际企业的并购与资本合作是我国调味品产业加快国际化进程的一条捷径。如上海太太乐与雀巢的并购、亨氏与卡夫的合体等。国际渠道的拓展可以从现有产品的渠道渗透与开发符合当地饮食习惯的产品两个方面入手。现有产品的渠道渗透，即现有的中餐调味品在国际上的渠道开拓，面对的主要对象依然是华人家庭和中餐馆。现有产品可以通过开拓渠道、参加展会及加快中餐的世界化进程进行推进和拓展，这是我国调味品产业拓展国际市场渠道的主要方式。开发符合当地饮食习惯的产品，是企业应该可以探索和努力的方向。但这需要在准确的市场调研、充分了解当地饮食习惯的基础上进行，需要时间和经验的积淀。

第五，供给侧结构性改革推动调味酱细分产业升级。供给侧结构性改革主要体现在创新驱动、结构优化、要素升级3个方面。创新驱动是核心，商业模式创新、产品创新、企业治理结构创新、营销方式创新都要应时而变；结构优化是保障，企业需要结合市场需求，推动技术进步，提高产品技术含量，推出更多高附加值产品；要素升级是必要条件，人才、知识、技术、信息、资本等高级要素的投入都至关重要。

3.5 天然肉类风味调味料发展研判

3.5.1 何为天然肉类风味调味料

天然肉类风味调味料是以肉类为主要原料，添加或不添加辅料制成的天然、营养、无害、肉香浓郁、口感逼真，兼具调香调味功能的调味料。

3.5.2 市场发展趋势及应用

随着科学技术的进步和生活水平的提高，人们在对食品质量要求提高的同时，更要求食品色、香、味兼具。天然肉类风味调味料能最大限度地保持原有天然食品的味道和香气，在食品加工过程中如果能做到色、香、味兼具，该产品将备受青睐。近年来，以肉类和鱼类等动物蛋白为原料，采用酶解法技术获得具有呈味特性的氨基酸和肽类水解物，再通过美拉德反应[①]制成具有肉类风味的调味料，是调味品产业发展的方向

① 一种广泛存在于食品行（产）业中的非酶褐变反应。

之一。该类天然调味产品具有良好的呈味特征，可广泛应用于各种风味食品和调味料的生产，具有十分广阔的市场前景。

3.5.2.1 专用食品加工配料

在食品加工中，天然肉类风味调味料有别于酸水解植物蛋白液和酵母抽提物，它是在两者基础上加工、提炼而成的另一类型的风味物质，具有肉味鲜明纯正，能令风味成分充分发挥的特征。与其他配料协调使用，可以减少其他配料的添加甚至部分替代，如水解蛋白、核苷酸二钠、肉类抽提物、谷氨酸钠等，使生产的产品更具特色。主要应用范围：肉类加工食品，如香肠、火腿、牛肉干、海鲜食品和风味豆制品等。

3.5.2.2 终端调味品主要原辅料

天然肉类风味调味料生产科技含量高，制作过程须结合生物化学、生物工程及分析化学等多方面知识，并将酶解技术、调味调香技术、超临界萃取技术等综合运用至生产中，根据原料配比、工艺条件的不同，可制造出不同香型的产品。天然肉类风味调味料是广泛应用于各类终端调味品的原辅料。酵母抽提物是良好的调味品加工配料和风味改善剂，但不具有肉香味，可与肉类调味料搭配使用。值得注意的是，这类调味料属于业内通用产品，各生产厂家广泛使用并不断开发新产品。目前，天然肉类风味调味料主要用于以下调味品的生产：鸡精（粉）、牛肉精粉、猪肉精粉、方便面调味料、酱类产品等。

3.5.2.3 餐饮及家庭用调味品

随着高端餐饮的流行，外卖、团餐的发展和厨房革命，各类天然肉类风味调味料的使用范围越来越广，不但能提升各类餐饮品种的色、香、味，而且能提高相关菜肴和汤品的营养价值。目前，该类调味品的主要产品包括肉宝王、排骨味王、浓汤宝及各种风味调味品等。

第 4 章 调味品产业上下游产业链分析

4.1 中国大豆的发展之路

中国大豆，国之瑰宝；豆制食品，营养之源。《舌尖上的中国》的热播让中华美食扬名海内外，而作为国内豆类食品之源的中国大豆却遇到了“路在何方”的严峻挑战。

近几年，我国粮食每年进口数量达 1 亿吨，其中大豆进口数量八九千万吨，占粮食进口量的 80% 以上。为此，保护中国大豆产业的呼声此起彼伏，要求政府补贴的声音不绝于耳。转基因大豆的进口贸易虽然已得到政府许可，但国内对于转基因大豆安全性的争论从未停止过。而我国大豆产业的同人们应该做的就是未雨绸缪，发展和壮大自己的非转基因大豆产业，以便在世界性的大豆产业竞争中立于不败之地，弘扬中国的大豆食品文化。所以，本书在以下几个方面进行分析。

4.1.1 进口大豆的比较优势明显大于国产大豆

第十三届全国人民代表大会农业与农村委员会主任委员陈锡文在《中国农业供给侧最突出的问题是什么？》[①]（以下简称《是什么》）文中称："我国实行目标价格改革之后，东北四省区的大豆目标价格为 2.4 元 / 斤，合 4800 元 / 吨，但是进口大豆的价格目前约 3500 元 / 吨，比国产大豆便宜 1300 元 / 吨。"由此可知，进口大豆的价格优势十分明显。更由于进口转基因大豆的油脂含量高于国产大豆，所以以榨油为主的食品生产企业必然对进口大豆青睐有加，这是市场配置资源的必然选择，也是农民放弃种植中国大豆的无奈选择。既然种不如买，何必要种呢？

4.1.2 中国大豆产量低的原因并非科研投入不足

《是什么》称：1956 年的《中国农业发展纲要》提出，10 年后大豆的目标是达到 260 斤 / 亩。但是"从《纲要》发布至今，已经整整 60 年，大豆亩产仍不足 250 斤，这充分说明了我们对大豆的科研投入严重不足。据了解，全球的大豆亩产量是 370 斤，我们现在是 247 斤。所以，如果大豆达不到亩产 400 斤，就会被其他农作物代替。不难看出某一产品的科技含量不高，就会被市场淘汰"。

我认为《是什么》的分析有一定道理，但并不完全符合实际情况。因为以美国为主要来源国的进口大豆之所以产量高，主要得益于转基因

① 引文来源：中国金融四十人论坛微信公众号。

技术在大豆种植业的推广和应用。当然，也不排除美国农业生产清晰的产权保护制度和规模化经营发挥了作用。

4.1.3 理直气壮地发展我国的非转基因大豆产业

“走自己的路，让别人跟着我走。”这是东北二人转名演员“小沈阳”的一句台词，把其用在中国的非转基因大豆产业发展上非常合适。

非转基因大豆具有蛋白质含量高、含油率低和脂肪含量低的特点。用其生产的豆腐和各类豆制食品的口感好，是全世界食品加工业普遍喜欢选用的大豆专用原料，美国、加拿大、阿根廷、俄罗斯、日本等国家的大豆食品多以非转基因大豆为专用原料，且有严格的质量标准。我国是非转基因大豆的主要种植国家之一，出口给发达国家的非转基因大豆价格并不低。日本还在我国东北的长白山地区建有专用大豆原料生产基地，实行订单农业生产。黑龙江省的海伦富硒大豆种植基地是中国唯一、世界稀有的非转基因大豆资源产地。我国东北地区的农民还到俄罗斯远东地区建设非转基因大豆的种植基地。这一切，都充分说明我国的非转基因大豆市场前景广阔，其走向世界的步伐需要加快。

4.1.4 让消费者享有充分的知情权和选择权

2016年7月29日，美国总统奥巴马签署了一项强制标识转基因食品的法案。根据该法案，食品生产商必须对产品中的转基因成分进行标注但可以自主选择标识形式。可供选择的标识形式有网址、电话号码、二维码，以及符合美国农业部标准的符号或文字。美国农业部用两年时间制定和完善了具体的标识方案，并制定了需要进行标识的转基因成分含量标准。

目前，欧盟对转基因食品采取定量标识方式，阈值定为 0.9%；日本的转基因食品标识阈值是 5%。我国采取定性标识的方式，主要是对初级产品而言。

随着各国关于强制标识转基因食品法规的公布实施，消费者对是否选用转基因食品有了充分的知情权和选择权。食品生产厂家享有选用何种大豆原料的权利，消费者享有选择用何种大豆生产的食品的权利。

我国部分大豆食品生产企业理直气壮地表示本厂产品所用原料为非转基因大豆，我们应该给予旗帜鲜明的支持并提供必要的帮助，以实际行动推动中国非转基因大豆原料的种植和大豆食品加工业的发展。通过开发新品、改进工艺、提高质量、调整结构和逐步提高产品附加值来提高我国大豆食品的竞争力，为世界饮食文化做出应有的贡献。

4.2 浅谈火锅调料细分产业的发展

4.2.1 火锅餐饮业与火锅调料的完美结合

火锅是中华餐饮的一种形式，历史悠久、源远流长。作为中华饮食文化的代表之一，火锅传遍大江南北，走向世界各地。尤其是近年来，火锅业连锁品牌的快速发展，使火锅更加受到消费者和市场的青睐。按照各地饮食习惯的不同，火锅分为红汤和白汤两种，红汤以川渝的火锅为代表，白汤以蒙式火锅为代表。近年来火锅类型不断丰富，花样翻新，包括麻辣、清油、牛油、清汤、高汤、菌汤、沙茶、番茄等口味，满足了消费者不同的饮食需求，并适应了消费者求新求特的消费心理。火锅种类之所以能够如此丰富并得到创新发展，起主导作用的就是火锅调料的研发和市场需求。而火锅调料细分产业之所以能够快速发展、产能逐渐提高，起主导作用的就是火锅餐饮业标准化的强烈需求。两者相辅相成，共同繁荣和发展。

随着时间的推移，火锅调料细分产业迅速发展，出现了众多的知名品牌，同时火锅调料与餐饮业的结合也越来越紧密。很多大型连锁火锅餐饮企业都开始研发自主品牌的火锅调料，一部分原因是满足餐厅经营的需求，另一部分原因是进入消费者市场，满足消费者家庭饮食的需求。此外，一些火锅调料企业利用其品牌优势，也开始进军餐饮行业，进行产品垂直市场的开发。

4.2.2 火锅调料细分产业发展综述

4.2.2.1 发展现状

按照《调味品分类》国家标准（GB/T20903—2007），我国的调味品产业共分为 17 大类，火锅调料就是其中的一类。从严格意义上讲，火锅调料属复合调味料，但由于火锅调料细分产业发展迅速，市场规模较大，且遵照以终端消费为依据的调味品分类制定原则，在制定标准时，把火锅调料单独列为一类。火锅调料又分为火锅底料和火锅蘸料两种类型，相对于火锅底料，火锅蘸料的产业化和品牌发展相对滞后。

据2019年百强企业数据统计，上报火锅调料统计数据的企业共有14家，年总产量为16.11万吨，同比增长7.96%，排名前三位的企业为重庆红九九、天味食品、内蒙古红太阳，年产量分别为4.56万吨、3.79万吨、2.46万吨。四川王家渡以113.92%的增长率、宁夏红山河以57.66%的增长率、内蒙古红太阳以54.87%的增长率，位列火锅调料产量增长率前三位。其中，有4家企业的产量出现负增长，占总数的29%。由于样本数量有限，该结果不能完全反映产业的整体情况，但是通过对重点企业进行数据统计、典型调查加合理推断，由点带面，也基本反映了产业发展的态势和一些情况。

4.2.2.2 基本特点

第一，随着餐饮业的发展和上下游产业的融合，火锅调料企业品牌迅速崛起，形成了各类型火锅底料的代表性企业，火锅蘸料品牌企业的发展也已起航。

第二，企业规模与产品质量良莠不齐，产业进入门槛较低，产业的集中度偏低。

第三，手工生产与劳动密集型生产的现状正在逐渐改变，机械化、自动化生产程度逐步提高。

第四，依据消费者饮食习惯，火锅调料细分产业的原料丰富，品种多样，呈现出不同的产品特点。对产业管理和标准起草提出了一定的要求。

第五，技术创新和品牌建设成为企业之间竞争的主要因素。技术创新包括产品呈味和感官技术的创新，如呈味的持久、鲜美、独特和稳定等。品牌建设则需要企业有明确的市场定位，建立以客户需求为导向的市场营销体系。关注消费者对火锅美味需求基础上的营养需求。

4.2.2.3 食品安全管理工作

火锅调料细分产业的食品安全管理工作要特别注意以下几个方面：

第一，食品原料的管理，做好食品安全的源头管理工作。农副产品的采购与追溯系统工作要做好。

第二，含有香辛料原料的火锅调料产品，要特别做好产品微生物指标的管理工作。

第三，含有油脂的火锅调料产品，要做好酸价及过氧化值指标的管理工作。

4.3 疫情对调味品经销渠道的影响

突如其来的疫情导致国内人口流动停滞、交通运输中断，给餐饮旅游业带来了巨大冲击。调味品经销渠道也不可避免地受到了影响，面临巨大经营风险。由于渠道类型不同，不同的经销渠道所受影响也有差异。概括而言，餐饮渠道受到的冲击最大，商超、便利店受到的冲击较小，电商和新零售等渠道都获得了较快发展。

4.3.1 餐饮渠道面临两大风险

4.3.1.1 货款回收风险

春节本来是餐饮业的旺季，很多餐饮企业因为需要为开年的宴席和个人聚餐囤积食材，库存量很大。受疫情影响，大多数企业暂停营业，大型宴会被叫停，餐饮企业食材积压严重，无法按期给供货商结款。如果情况继续恶化，餐饮企业压力过大，甚至出现倒闭，调味品经销商将面临不良货款大幅度增加的风险。

4.3.1.2 库存积压、资金占用的风险

一些专供餐饮的经销商为了争取合同返点，在年底打款压货，金额也很大。在疫情影响下，餐饮业无法继续消耗经销商的库存，由此造成的资金占用必然给经销商的经营带来巨大压力。

4.3.2 商超、便利店渠道受影响较小 但物流压力巨大

从消费需求的角度看，商超、便利店受到疫情的影响不大，尤其是一些大型商超，都是线上线下双渠道运营，保证了经营的正常进行。但

是，由于各地交通管控措施的推出，以及物流人员休假，商品物流受到影响，部分渠道出现了断货现象。

4.3.3 电商和新零售渠道或将迎来快速发展期

2002 年 11 月开始的非典疫情持续到 2003 年的 7 月才宣告结束，时间达 8 个月之久。在这期间，京东等互联网公司由于变换了经营渠道，获得很大成功。当前疫情关键时期，在电商和新零售渠道采购已经成为消费者避免交叉感染的重要手段。尤其是新零售模式，凭借送货及时等优势赢得了消费的青睐。从目前反馈情况来看，京东到家、淘鲜达、多点等平台订单量大增，相关调味品经销商有望从中受益。

总体而言，与其他快消品相比，调味品具有保存期长、消费刚性的特点，故疫情对调味品总体消费的冲击有限，但对调味品渠道结构的影响却是长久而深远的。如果疫情的影响持续下去，有可能造成调味品经销渠道的洗牌，一些有实力、多渠道经营的经销商会脱颖而出。

4.4 市场需求变化助力调味品企业突围

随着国内疫情逐步得到控制，各政府部门和企业都在抢抓机遇，加快经济的复苏。因此，2020 年已成为各行各业恢复生产、增加效益的关键时期。众所周知，开发具有广阔市场潜力的新产品是企业可持续发展的关键所在，同时优良新品也将成为企业抢占市场的攻坚利器。疫情影响下的市场，亟须更多的新产品、新技术来“唤醒”。企业如果能抓住这一机遇，在近几年推出极具市场潜力的新品，将会迅速占领市场。

此外，企业还需积极探索新的营销模式，对线上线下渠道进行合理布局。一系列充满创意的营销策略成为各调味品企业在未来突围的关键。

4.4.1 餐饮业回暖窗口期 抓紧餐饮渠道布局

2020年“五一”节日期间，全国市场人气明显回升，餐饮消费呈现回暖态势，市场活力得到释放。当疫情管控逐步稳定时，餐饮市场迅速回暖。调味品产业与餐饮业息息相关，随着餐饮业的逐步恢复，调味品企业可抓紧时间进行餐饮渠道的布局。调味品企业面对可能出现的需求暴涨，需要提前针对客户、渠道、品类、供应链、资金等方面进行规划或合作，密切关注疫情动态和社会民众的动向，加强对重点终端现场客流的观察。此外，外卖市场迎来爆发式增长，为餐饮企业带来了新商机，外卖逐渐成为新时代的餐饮新业态，调味品企业可以开发适合餐饮外卖的复合调味品以应对市场需求。

4.4.2 线上线下销售渠道高度融合渐成趋势

早期受疫情影响，调味品企业的线下销售工作受阻，而提前进行了线上渠道布局的企业则在疫情期间受到的影响较小。线上电商平台的快速增长、社区团购等新渠道的兴起，助力调味品销售规模的不断扩大。线上渠道的兴起，将辅助调味品企业的优质产品更快更多地进入家庭，为调味品销售注入新势能。调味品企业要关注电商平台的业务对接，分析平台的消费需求，以提供更多对应的产品。长期来看，线下线上的融合是发展趋势，调味品企业需尽快加强全渠道布局。

4.4.3 “宅经济”成新风口 家庭渠道消费量提升

2020 年 2 月 19 日，美团研究院发布的《不出门生存图鉴——2020 春节宅经济大数据》显示，在家中钻研厨艺成为全民娱乐，外卖终端应用上烘焙类商品的搜索量增长了 100 倍。“宅家”时期，撑起美食美味的各类调味品也成为消费者的最爱。多家媒体报道称：2020 年部分食谱类 APP 在疫情期间流量翻番，调味品、半成品在电商平台上的销量分别增长了 129% 和 142%。消费者在购买调味品时，更偏好有品质、便捷的产品。调味品企业可针对家庭消费端推出有品质、方便的产品，并加大品牌宣传推广力度，提升消费者对产品的认知度，带动各大销售渠道流量增长，为家庭渠道的拓展做好铺垫。

4.4.4 提升智能制造进程 增强企业竞争力

在疫情早期，调味品企业普遍遇到的困难之一，就是员工复工难。

但是对于智能化程度高、人工依赖程度低的企业来说，实力和竞争优势明显。调味品生产企业的智能制造和高质量发展将成为趋势。2019 年，中国调味品协会召开了调味品产业智能制造高峰论坛，专业人士与知名企业通过生动、直观的案例，从多个角度分享了人工智能、边缘计算、工业智能等概念，为合力解决企业的生产流程、智能化转型的现实问题提供了参考，为推动智能制造产业集聚、功能提升提供了有力支撑，为推进制造业的转型升级发挥了积极作用。海天味业作为产业智能制造标杆企业，通过智能制造的应用，生产效率迅速提升，一线员工的数量由以往的 1 万人降到只需要 2000 人，大大降低了企业的生产成本，提高了生产效率和产品品质。

4.4.5 培育新增长点 寻找产业发展新动力

目前，很大一部分调味品企业在进行餐饮定制相关产品的开发工作。① 涉及菜品定制，比如与小龙虾、麻辣香锅、火锅、麻辣烫、冒菜、黄焖鸡等相关的复合调味料包的生产与开发；②涉及渠道定制，比如门店、外卖、交通餐、团餐等相关产品的开发。餐饮定制调味品的开发，给餐饮业带来极大便利，因为采用了标准化管理，在保证食品安全的基础上，有了标准化口味的同时节约了时间，降低了成本。

连锁餐饮业对餐饮定制品有着极大的需求，如西贝莜面村、和合谷、吉野家、呷哺呷哺等连锁餐饮企业都有需求。一部分连锁餐厅有专属定制产品，有自己的调味品事业部，例如海底捞也在做调味品和火锅底料的开发工作；另一部分企业在寻求与外部的合作，如“胖哥俩”促进了调味品与餐饮业的紧密联系。除此之外，新餐饮品牌对餐饮定制品的需求越来越旺盛，这就为整个调味品产业的新品研发提供了广阔的市场空间。

第 5 章 投资感悟与分析

5.1 消费升级中的调味品产业发展机遇

5.1.1 怎样理解消费升级

消费升级，一般指消费结构的升级，是各类消费支出在消费总支出中的结构升级和层次提高，它直接反映了消费水平和发展趋势的变化。

消费升级的 3 种类型：

第一，刚性需求。包括生活必需品和生活用品。比如猪肉、酱油等生活必需品，比如各种家用电器等生活用品，都存在结构调整、升级换代和提高品质的需求。这种需求属于主动性消费。

第二，愉悦性需求。主要是通过电商平台或者促销活动形成的消费需求。比如通过“拼团”模式得到满足的需求。其中，部分消费行为是为了满足生活之需，但顾客也购买了许多无用的东西，使得消费确实增加了。这也是一种消费升级。可称之为愉悦性消费。这种消费属于被动性消费。

第三，炫耀性消费。分 3 种情况：一是真实性需求，很少；二是买假名牌，价格便宜，但有市场；三是半真半假，即部分有钱人也买假名牌。这种现象中外皆有。这种消费也属于主动性消费。

本书介绍的调味品产业消费升级则属于刚性需求的范畴。

5.1.2 对资本市场的预测

15 年前，对于调味品产业，我曾提出一个观点：观念，民族工业不需再提；机制，国有企业别无选择；品牌，没有规模难以发展。2003 年，海天味业的年销售额未达到 17.7 亿元；2020 年已突破 200 亿元，其市值已达 6000 亿元。

2017 年 8 月 1 日，我在“价值中国网”撰文《中国股市喝白酒打酱油的时代正在到来》，提出“价值投资、利润为王”的理念。当天，海天味业的收盘价为 39.55 元；贵州茅台的收盘价为 480.24 元。

2018 年 3 月 20 日，我在“价值中国网”撰文“关于海天酱油和茅台酒的猜想”，提出“贵州茅台和海天味业将成为 A 股市场的 1000 元股和 100 元股”。当日收盘价：贵州茅台为 747.7 元，海天味业为 59.71 元，中炬高新为 25.23 元，安琪酵母为 32.34 元。此时，上证指数一直徘徊在 3270 点上下。

2019 年 4 月 15 日，我在“价值中国网”撰文《百元酱油千元酒的消费启示》，提出短则两三个月，长到一年左右，贵州茅台的股价会突破千元；海天味业股价会突破百元。当时，贵州茅台的股价为 900 元左右，海天味业为 90 元左右。

2019 年 11 月 7 日，上证指数收于 2978.71 点，比一年半以前下跌了 8.9%，当日收盘价：贵州茅台达到了 1201.37 元，海天味业为 115.25 元，中炬高新为 45.84 元，安琪酵母为 30.50 元。

其中，贵州茅台和海天味业成为 A 股市场消费升级概念的代表。海天味业市值碾压万科的消息更是在业内不胫而走。过去，被人小瞧的调味品产业终于登上了大雅之堂，成为资本市场追捧的宠儿。

上述情况表明，我对部分白酒和酱油上市公司发展趋势的预测还是比较准确的。其实，我的预测是建立在对我国宏观经济的把握和对调味品产业及企业发展机遇的分析基础之上的。

5.2 对资本市场的预测分析

5.2.1 百元酱油千元酒的启示

2019 年，在中国股市“小阳春”行情之中，贵州茅台的股价上涨到 900 元左右，海天味业的股价上升到 90 元左右。在快消品领域消费股双雄的带领下，白酒和调味品板块走出了一波新行情。

紧随贵州茅台股价的上扬，五粮液、洋河大曲、泸州老窖等知名白酒企业的股价创出一轮新高；紧随其后的海天味业、中炬高新、涪陵榨菜、千禾味业和安琪酵母等知名调味品企业的股价纷纷上扬，成为市场上的新宠。价值投资的理念在快消品领域得到了最好的诠释。

与此同时，市场上贵州茅台的销售价格已达千元以上。五粮液、洋河大曲、泸州老窖等知名白酒的销售价格在500元到1000元不等。其他普通白酒的销售价格大多在百元左右。而当时市场上高档品牌酱油的价格却很少有100元以上的，海天味业、中炬高新、李锦记、烟台欣和、千禾味业、加加食品等企业高档酱油的销售价格为50～80元，其他普通酱油的销售价格也就是5～10元。

从目前调味品消费市场的发展趋势看，海天味业、中炬高新、李锦记、烟台欣和、千禾味业和加加食品的高档酱油销售价格仍有较大的上升空间，如果不考虑通货膨胀因素，目标定位应该在百元以上。当然，要实现此目标并起到引导消费的作用，有赖于企业在结构、质量、风味和供给侧结构性改革方面不断突破自我。

我对未来消费趋势的预测是白酒价格降，酱油价格升；葡萄酒销量降，醋饮销量升；洋酒销量降，调味料酒销量升。

5.2.2 调味品板块有望走出一波独立行情

在对中国股市进行分析和研判时，投资者历来把食品饮料作为一个板块看待。当然，调味品板块也位列其中，两者常常是“一损俱损，一荣俱荣”。

2018年10月29日，随着贵州茅台股价的闪崩跌停，受其影响，调味品板块随后走出了一波普跌行情。但这种现象不足以反映调味品的产业特点和消费升级意愿。从调味品的生产结构和消费趋势角度分析，随着人民群众对美好生活需求的增长和旅游文化产业的发展以及餐饮娱乐业的升级换代，调味品板块将走出一波独立行情。这种趋势得益于供给侧结构性改革，得益于快消品市场的结构调整，得益于人民群众生活水平提高以后的理性消费。当时我断言，这一波独立行情将有以下两个重要特点。

第一，价值投资理念不可动摇。例如，海天味业作为调味品产业的头部企业，一枝独秀的事实不会改变。一个年产值200亿元以上的生产企业，产值每年保持两位数增长，奠定了其稳步增长和有序发展的基础。加上餐饮业的发展前景可期，海天味业作为产业领头羊，增长趋势和发展势头将是长期的和具有后劲的。

再如，随着中炬高新的混合所有制改革和机制转变顺利完成，在地方政府的大力支持和帮助下，其未来的发展势头不可小觑。价值投资者一定要审时度势、抓住机遇，谋求个人财富和企业规模的共同增长。

第二，消费额增幅放缓不等于消费降级。目前，我国社会消费品零售总额增幅放缓，同比增长率由两位数降为个位数。这种现象，属于消费的结构性调整，但不属于消费降级。目前，调味品产业保持了7.0%以上的稳健增长，消费预期仍然看好，前景广阔。

在贵州茅台股价跌停之际，调味品板块中的安记食品却出现了涨停，这主要得益于调味品市场的变化和产品消费结构的调整。诸如涪陵榨菜、千禾味业、安琪酵母、恒顺醋业和加加食品等企业都存在产品升级换代和附加值提高的需求。

因此可以说，过去调味品板块处于价值“洼地”，且存在一定的炒作行为。展望未来，该板块仍存在一定投资机会，让我们拭目以待。

5.2.3 中炬高新切莫陷入资本迷途

2018年9月，中国股市处于低迷之中，但中炬高新的股价创出了一轮新高。截至2018年9月11日，上证指数收盘于2664.8点，比上个交易日下跌了0.18%；中炬高新的收盘价为29.28元，比上个交易日上涨了2.59%。

就在2018年9月7日，中炬高新发布关于股东权益变动的提示性公告：前海人寿将持有的24.92%股份转让给中山润田，转让费为57.09亿元。本次股份转让以后，中山润田持有中炬高新24.92%的股份，成为第一大股东，而前海人寿不再持有中炬高新的股份。

前海人寿和中山润田同属宝能系，实际控制人均为姚振华。前海人寿于2015年9月23日增持中炬高新股票后达到举牌线，到2016年底持股比例已上升至24.92%，成为相对控股的第一大股东。前海人寿此举符合国家国有企业混合所有制改革的既定政策，堪称资本运营的经典之作。按照当时中炬高新每股15元左右的平均收购价格，前海人寿赚得盆满钵满。通过协议将所持股份转让给中山润田，实为左手倒右手，肥水不流外人田。但2018年上半年，前海人寿的净利润首次出现下降，为12.8

亿元，这也是其选择转让中炬高新股权的原因之一。

那么这种堪称眼花缭乱的资本运作，能给中炬高新带来什么好处呢？中炬高新的主业是什么？上述资本运作能否促进中炬高新的主业扩张呢？这是需要中炬高新下一步认真考虑的问题。

中炬高新原为中山市的一家国有上市公司，其业务包括调味品生产、房地产开发、工业园区开发管理及汽车配件生产等。其中，调味品业务的收入及效益规模占比较大，主要产品包括酱油、调味酱、鸡精（粉）调味料等产品。厨邦和美味鲜是其两大酱油品牌，2018 年上半年的酱油产品销售额占到业务总收入的 70%。与此同时，2018 年上半年，中炬高新控股子公司广东美味鲜调味品有限公司的营业收入为 19.62 亿元，同比增长 12.3%；净利润为 3.34 亿元，同比增长 26%，为中炬高新的业绩增长做出了重要贡献。

由此可见，中炬高新已成为一家以调味品生产为主业的上市公司；前海人寿是以保险业务为主的金融服务公司；而中山润田只是一家 2015 年成立的投资公司，而非调味品专业投资商。正因为如此，中炬高新应当及时认清调味品产业面临的新形势和竞争环境，直面消费升级，抓好结构调整，在坚持主业推进和术业专攻的前提下做好资本运作，谨防误入资本迷途。

前车之覆，后车之鉴。但愿我的隔空喊话不是马后炮。

5.3 市场出清终有时

5.3.1 中国股市波动幅度较大

价值投资，才是股市投资之道。好股票有好业绩，差股票一定没有好的业绩，并且不会给投资者带来长远收益，也无法避免在市场出清的过程中被淘汰出局的命运。而具有投资价值的股票能给投资者带来稳健的收益，但有时也存在被错杀的情况。

这就是活生生的现实，也是资本市场的神奇之处。

当然，如果股市制度不健全，则风险不可小觑，也将会使参与其中的股民付出沉重代价。要避免深受其害则需要股民练就一双火眼金睛，分得清谁是“狗熊”，谁是“英雄”。时间是市场出清的“显示器”，会记录绩差股的恶炒、爆炒情况，并记录其从上市到发达兴旺直至退市的全过程。它会记录价值股的错杀过程，也会记录其从小到大、在恶劣的环境之中步步为营、逐渐成长壮大的全过程。

中国股市是个新兴的市场，必然要历经大浪淘沙、优胜劣汰的过程。信奉价值投资的投资者只有选好股，咬定青山不放松，才能等到云开见月明。

5.3.2 机构和散户都是马后炮

2017 年，随着贵州茅台股价的不断走高，众多券商对其估值和预期也在不断上调，有的券商将其目标价定位于 692 元，接近 700 元整数关口。

2017 年 8 月 2 日，我曾在“价值中国网”撰文：中国股市喝白酒、打酱油的时代正在到来，明确提出大胆投资贵州茅台和海天味业的建议。其时，贵州茅台的股价为 480 元；海天味业的股价为 40 元。我还提出海天味业的上升空间要大于贵州茅台。我当时预估海天味业的价格应达到 48 元以上，时间约需 1 ～ 2 年；预估贵州茅台 480 元的价格已经很高了，不会有更大的上升空间。

当然，我也在其时迅速买进了海天味业的股票。现在看来，虽然我对大势和个股的判断有一定准确度，价值投资的理念得到了贯彻；但我仍然不得不承认：我的实操与预期并不一致。随后我并没有拿住筹码，而是在获得一定盈利后落袋为安。这主要因我对股价上涨预期时间节点的误判而导致。原预估的 1 ～ 2 年时间达到的价格区间不到 3 个月已出现，海天味业的每股价格已突破 50 元。而贵州茅台更是突破了每股 600 元的高位，与我的预估差距更大。与此同时，很多机构在不断修正并调高贵州茅台的估值。给人一种没有最高，只有更高的期望。

由此可知，贵州茅台和海天味业作为消费品板块的龙头股和大蓝筹，其股价的强势上涨是有业绩支撑的。贵州茅台每股收益 10 元以上，海天味业的每股收益 2 元以上的情况在同类上市公司中少有。

所以，我认为今天的中国股市正处在一个机构与散户博弈的大浪淘沙的阶段，指数的涨跌并无规律可循，因为机构和散户对市场的研判都是马后炮。投资需要了解以下 3 个方面：

第一，中国股市的好公司太少，具有规模效益和能稳定盈利的公司更少。如果找不到好公司，投资者几乎是赔多赚少。

第二，即使选择了好公司的股票，也不能期望一劳永逸。因为没有永远只涨不跌的股市和股票，“高处不胜寒”的情况常常出现在不经意之间，“城门失火，殃及池鱼”的情况随时可能发生。

第三，切记中国股市是一个新兴的股票市场，目前的制度建设和市场退出机制尚未完善，为此机构和散户投资者都应理性抉择。

5.3.3 我对资本市场的理解和认识

5.3.3.1 机遇与挑战并存

调味品板块是资本市场的新兴板块，也是一个方兴未艾的市场，既充满了商机，也面临着严峻挑战。

5.3.3.2 市场分化催生成长型企业

资本市场是一个投融资市场，同时也是一个财富管理市场。目前，调味品产业上市公司的发展出现了分化。今后，优劣公司不仅会继续分化，而且会不断涌现成长型企业。

5.3.3.3 上市公司的成长性是资本市场发展的不竭动力

资本市场的生命力源于上市公司的成长。上市公司权益性融资的代价高昂。投资者既有维护公司发展的义务，也有用脚投票的权利。

5.3.3.4 加强融资者教育是资本市场的重要任务

加强投资者教育的提法并不准确，因为投资者自担风险。加强融资者教育才是资本市场的重要任务，企业家才能是决定融资收益高低的主要因素之一。

5.3.3.5 资本市场改革任重道远

保持资本市场的透明度是市场监管者的重要职责。我国资本市场的改革路漫漫，任重而道远。

5.3.4 我对 A 股市场 3 个问题的认识

5.3.4.1 怎样认识“抱团”现象

一大批基金和部分投资者集中购买了某上市公司的股票，被称为“抱团”现象。我认为，这虽是股市的一种正常现象，但却是一个伪命题。

抱团投资也要遵循股市规律和逻辑。何时进入、何时抛售由基金公司和投资者自己决定。机构集中买入某公司股票，是因为投资标的具备了价值投资的条件。所以，抱团是集体理性行为导致的结果。如果过分强调和渲染抱团现象对股市的影响，既偏离了研究资本市场的初衷，也没有研究价值。我们大可不必过分解读这种现象。

我个人认为，A股的“抱团”现象至少体现了三层意思。一是英雄所见略同；二是好股票人见人爱；三是体现了价值投资的内涵。它对A股未来的发展利大于弊。

5.3.4.2 对“杀估值”的理解

杀估值也是一个伪命题。所谓估值，即对上市公司未来价值的评估，体现为股价高低。投资者对企业股票愿意购买的价格越高，企业的估值就越高；而企业的估值越高则说明投资者对其股价的认可度越高。估值是衡量企业发展现状、未来前景和增长预期的手段，也是对企业未来发展目标价值判断的方式。

上市公司股价的涨跌，属于正常的价值调整。涨多少、跌多少应由市场决定，不应人为设定和操作。每一个投资主体在什么价格买卖股票，是投资者的自主行为。而企业股票市值的调整则是众多投资者理性决策的结果，受多种复杂因素的影响，是资本市场利益均沾、风险自担特点的体现。现实中并不存在所谓的“杀估值”主观行为，这种行为属于高抛低吸、追求投资收益的一种常态。对此，机构和散户是一样的。不必过分解读，也没有更多研究价值。

5.3.4.3 赢在熊市、亏在牛市的启示

为什么市场中会出现赢在熊市、亏在牛市的现象呢？似乎很难给出一个合理的答案。或许唯有那句老话可以从逻辑上解释得通，即股市有

风险，投资需谨慎。我认为，大多数投资者在熊市里的防风险意识较强，而在牛市中的防风险意识较差，甚至有些忘乎所以才导致大面积亏损。作为事后“诸葛亮”，我谈以下两点启示：

第一，不幸中的万幸。2021 年 2 月 10 日（除夕前一天），我清仓了 80% 的股票，20% 的持仓处于浮亏状态，亏了 5% 左右，只好耐心等待盈利时机。此时的中国 A 股被大多数机构称为结构性牛市。我之所以选择此时大面积清仓，并非我有先见之明，而是因为我两年前制订的计划已经完成，盈利目标基本达到。所以，这次大跌我的损失不大，属于不幸之中的万幸。而未清仓的两只股票就没有那么幸运了，到 3 月 15 日，跌幅已经超过了 30%。使过去两年在熊市中的盈利在春节过后的两周牛市中损失了 20% 左右。教训极为深刻。

第二，价值投资理念饱受质疑。这次 A 股大调整中，不仅众多股民损失惨重，很多机构甚至明星基金经理管理的基金也遭受重创。所以，我又一次得出结论：机构和散户都是马后炮。谁也没有先见之明，能够准确预测股市的涨跌。很多所谓的研究和评论把这次股市大调整的原因归咎于“抱团”和“杀估值”行为，我认为这种观点是没有说服力的。这种研究无济于事，因为这是两个伪命题。

对于价值投资理念是否在中国 A 股遇到了严峻挑战，这确实是一个需要认真研究和对待的真问题。因为许多价值投资标的企业在规模不断扩大、产品质量不断提高、利润逐年上升、发展前景日益广阔的前提下也遭遇了大幅调整，这能是一个正常现象吗？所以，我认为这次 A 股大调整虽然属于常态，但错杀在所难免。最终市场还会沿着价值投资理念的“轨道”行稳致远。

5.4 调味品上市公司2020年度一季报分析

2020年开年遭遇的“黑天鹅”事件——疫情，中断了国内绝大多数商业活动，影响了我国经济的增长。据国家统计局公布的数据，2020年一季度中国国内生产总值同比下降6.8%。

从上市公司披露的2020年一季度财报来看，2020年一季度上市公司净利润实现增长的仅占34.52%，而超过65%的企业净利润同比下降。其中，企业净利润大幅增长（增长幅度大于等于100%）的比例仅有9.31%，而企业净利润大幅下降（下降幅度大于等于100%）的则达到23.8%。

5.4.1 刚需产品优势明显 增长领先多数行业

第一季度财报统计显示，在28个行（产）业中，食品饮料行业净利润同比增长的企业比例名列第七，调味品产业表现十分稳定，业绩稳中有进。调味品产业10家上市公司一季度总营业收入同比增长4.15%，利润总额同比增长10.01%，净利润总额同比增长9.35%。具体内容见表5–1。

表 5-1　2020 年调味品产业 10 家上市公司一季报业绩一览表

序号	单位名称	营业收入（百万元）			利润总额（百万元）			净利润（百万元）		
		2020 年一季度	2019 年一季度	同比增长	2020 年一季度	2019 年一季度	同比增长	2020 年一季度	2019 年一季度	同比增长
1	海天味业	5884	5490	7.18%	1940	1775	9.30%	1613	1478	9.13%
2	安琪酵母	2050	1820	12.64%	382	292	30.82%	303	246	23.17%
3	中炬高新	1153	1231	−6.34%	262	249	5.22%	206	189	8.99%
4	加加食品	492	553	−11.03%	65	70	−7.14%	50	56	−10.71%
5	涪陵榨菜	483	527	−8.35%	195	184	5.98%	166	155	7.10%
6	恒顺醋业	466	460	1.30%	93	85	9.41%	76	73	4.11%
7	天味食品	334	306	9.15%	90	86	4.65%	77	73	5.48%
8	千禾味业	359	291	23.37%	83	60	38.33%	70	51	37.25%
9	安记食品	77	121	−36.36%	12	15	−20.00%	11	13	−15.38%
10	佳隆股份	32	80	−60.00%	−13	10	−230.00%	−11	8	−237.50%
	总计	11330	10879	4.15%	3109	2826	10.01%	2561	2342	9.35%

5.4.2 疫情影响营收 负增长家数超过正增长家数

2020 年调味品产业上市公司第一季度营业收入超 10 亿元的企业有 3 家，分别为海天味业、安琪酵母、中炬高新，海天味业以近 59 亿元的营业收入占据榜首。中炬高新、涪陵榨菜营收虽然减少，但是利润却有所增长，可见产品附加值有所提高（见图 5-1）。

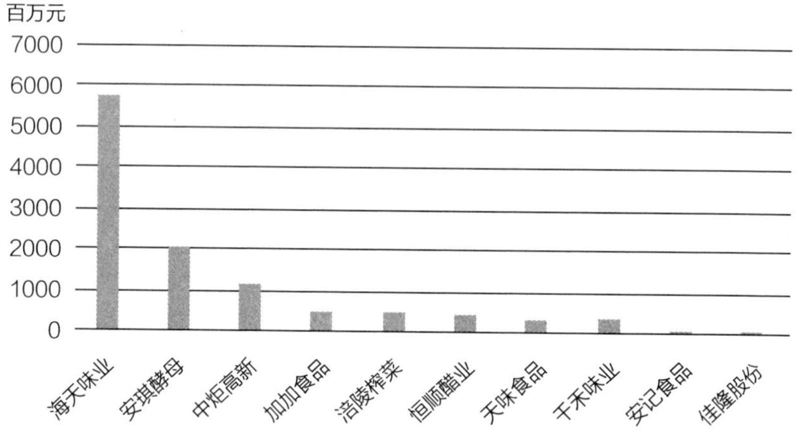

图 5-1 2020 年调味品产业 10 家上市公司一季度营业收入

2020 年调味品产业 10 家上市公司第一季度营业收入同比增长的有 5 家企业，分别是海天味业、安琪酵母、恒顺醋业、天味食品、千禾味业，主要生产品类有：酱油、味精、酵母及酵母抽提物、食醋、酱油、火锅调料及复合调味料。其中，安琪酵母、千禾味业两家企业的同比增长率超 10%。第一季度营业收入同比负增长的企业有 5 家，其中，安记食品、佳隆股份降幅超 20%，其中佳隆股份降幅达 60.00%（见图 5-2）。

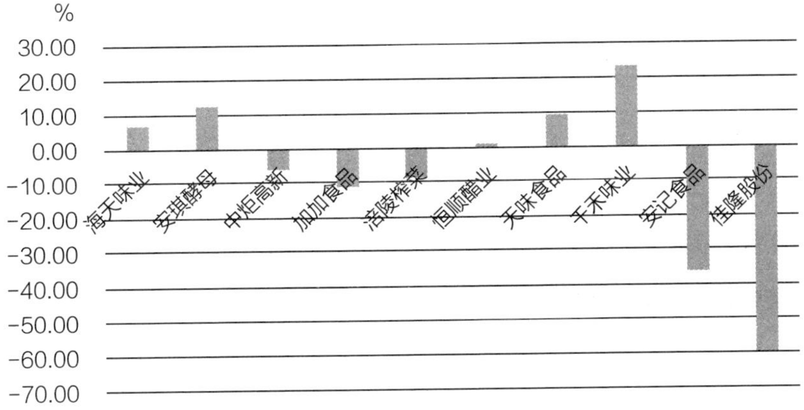

图 5-2　2020 年调味品产业 10 家上市公司一季度营业收入同比增长率

5.4.3　消费方式转变　利润增长高于营收增长

2020 年第一季度，海天味业以近 20 亿元的利润总额领先，安琪酵母、中炬高新分别以 3.82 亿元、2.62 亿元的利润总额紧跟其后（见图 5-3）。

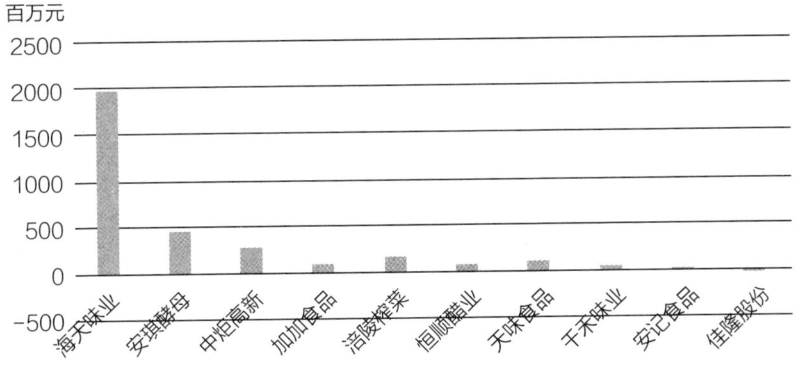

图 5-3　2020 年调味品产业 10 家上市公司一季度利润总额

2020年第一季度，调味品产业7家上市公司利润总额同比正增长，3家企业同比负增长。千禾味业、安琪酵母利润总额同比增长率分别为38.33%、30.82%，占据同比增长率榜单的前两位。恒顺醋业、海天味业、涪陵榨菜、中炬高新、天味食品5家企业增幅超过4%，在疫情期间保持稳健增长。其中，千禾味业及安琪酵母增速超过30%的原因在于，疫情期间家庭需求提升，以商超为主的渠道受影响较小。千禾味业严把质量关，在疫情期间消费者对其产品（酱油）的需求出现快速增长；在宅经济的特殊背景下，安琪酵母的产品（酵母）受到广大消费者的欢迎。安记食品、佳隆股份一季度的利润总额出现下滑，降幅为20%或以上（见图5-4）。

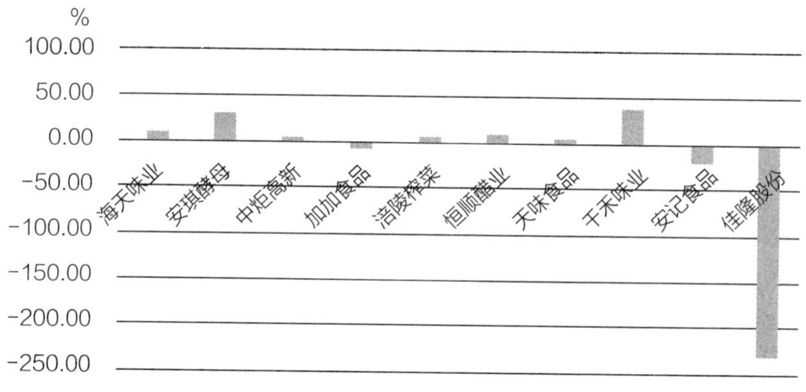

图5-4　2020年调味品产业10家上市公司一季度利润总额同比增长率

2020年调味品产业10家上市公司第一季度净利润超2亿元的有3家企业：海天味业、安琪酵母、中炬高新，其中海天味业一季度净利润超16亿元。涪陵榨菜、恒顺醋业、天味食品等几家企业的净利润为0.1亿～2亿元（见图5-5）。

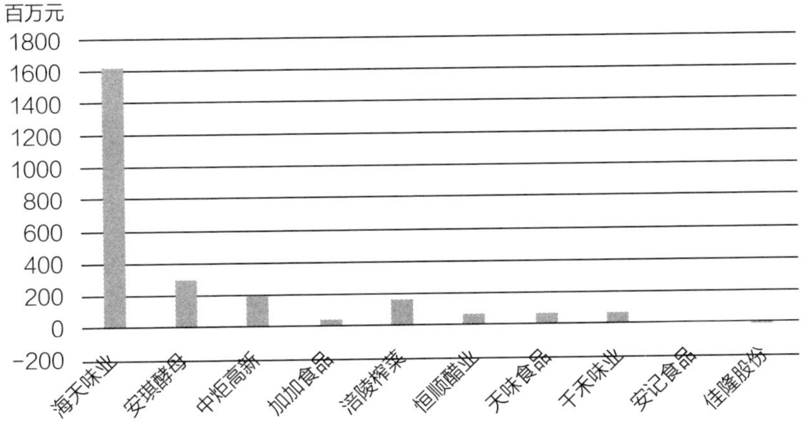

图 5–5　2020 年调味品产业 10 家上市公司一季度净利润

2020 年一季度调味品产业 10 家上市公司有 7 家企业的净利润实现正增长，千禾味业、安琪酵母、海天味业分别以 37.25%、23.17%、9.13% 的增长率位列表单前三位；3 家企业负增长，佳隆股份一季度净利润同比下降超 200.00%（见图 5–6）。

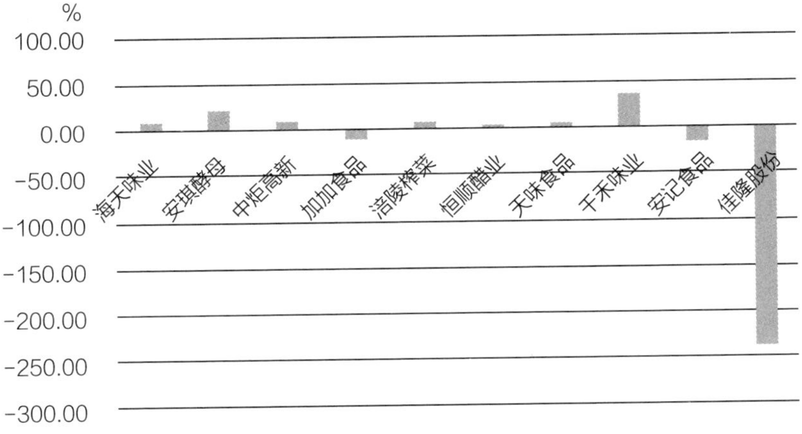

图 5–6　2020 年调味品产业 10 家上市公司一季度净利润同比增长率

2020 年一季度每股收益，除佳隆股份 1 家为负外，其他 9 家企业均为正，其中海天味业每股收益最高，为0.60元；安琪酵母、中炬高新分别以0.37元、0.26元的每股收益紧随其后（见图5–7）。

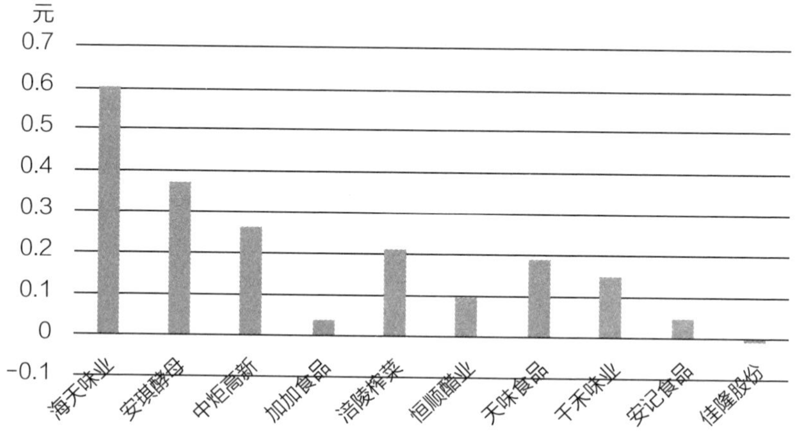

图5–7　2020年调味品产业10家上市公司一季度每股收益

综合分析各上市公司第一季度报告，可以看出，调味品作为刚需消费品，在疫情下，尽管受到餐饮业消费低迷的影响，但家庭消费和电商平台消费的增长弥补了餐饮渠道消费下降的缺口，总体受疫情影响较小。一些企业在疫情下增长速度不降反增，逆势增长。后疫情时代，各项消费逐步复苏，尤其是餐饮业的恢复将对调味品产业的稳健增长提供更大的市场空间。

5.5　调味品上市公司2020年年报分析

2021年4月，调味品上市公司（A股市场）已经有16家（海天味业、梅花生物、安琪酵母、中矩高新、苏盐井神、天味食品、涪陵榨菜、雪天盐业、加加食品、恒顺醋业、千禾味业、莲花健康、仲景食品、安记食品、日辰股份、佳隆股份）公布了 2020 年年报。总体而言，调味品上市公司保持了营业收入和利润的稳定增长，渠道体系不断完善，经销商数量继续增加，研发投入稳步提高，线上销售比例提高，产业未来发展前景广阔。

5.5.1 营业收入与净利润实现总体双增长

16 家调味品上市公司 2020 年的营业收入合计为 737.25 亿元，净利润合计为 121.25 亿元。营业收入实现正增长的有 10 家，占 16 家上市公司的 62.5%；净利润实现正增长的有 10 家，占 16 家上市公司的 62.5%。

营业收入排名前三位的企业分别是海天味业、梅花生物和安琪酵母；利润排名前三位的企业分别海天味业、安琪酵母和梅花生物；营业收入同比增长排名前三位的企业分别是天味食品、千禾味业和梅花生物；利润同比增长前三位的企业分别是安琪酵母、仲景食品和涪陵榨菜。作为与民生紧密相关的产业，调味品产业在疫情期间发挥了自身优势，获得了稳健发展。

5.5.2 经销商渠道体系不断完善

经销商渠道的建设与完善是上市公司重点工作之一。在 2020 年年报中，公布经销商数据的有 8 家上市公司，显示其经销商数量均有不同程度的增长。截至 2020 年底，海天味业、天味食品和涪陵榨菜的经销商数量最多，分别为 7051 家、3001 家和 2648 家；天味食品、涪陵榨菜和恒顺醋业的经销商数量增长速度最快，分别为 145.8%、47.93% 和 35.24%。

目前，绝大多数上市公司的经销网络已经完成了省级覆盖，正在向市县级延伸。与此同时，企业的经销商队伍也在不断更新调整。以安记食品为例，2020 年经销商数量增加了 95 家，减少了 54 家，净增 41 家。具体内容见表 5-2。

表 5-2　2020 年调味品产业 8 家上市公司的经销商发展状况

序号	公司名称	经销商数量（家）	净增经销商数量（家）	净增经销商占比（%）
1	海天味业	7051	1245	21.44
2	天味食品	3001	1780	145.8
3	涪陵榨菜	2648	858	47.93
4	恒顺醋业	1439	375	35.24
5	中炬高新	1421	370	35.2
6	加加食品	1394	73	5.53
7	仲景食品	1324	242	22.37
8	安记食品	602	41	7.3

资料来源：上市公司年报。

5.5.3　产品毛利率多数维持在 40% 以上

2020 年，调味品产业 7 家上市公司的毛利率在 40% 以上。其中，毛利率排名前三位的企业分别是千禾味业、日辰股份和海天味业。具体内容见表 5–3。

表 5–3　2020 年调味品产业 9 家上市公司的毛利率

序号	公司名称	分类	毛利率（%）
1	千禾味业	调味品	46.93
2	日辰股份	食品制造业	46.89
3	海天味业	食品制造业	43.52
4	仲景食品	调味品食品	42.38
5	中炬高新	调味品	41.51
6	天味食品	调味品	41.48
7	恒顺醋业	调味品	40.67
8	安记食品	食品制造业	33.95
9	加加食品	食品制造业	29.09

资料来源：上市公司年报。

5.5.4　持续加大研发投入　有力支撑企业发展

2020 年，调味品上市公司坚持创新驱动，在食品安全、质量提升、新品研发等方面持续加大研发投入力度，加快新技术应用与科技人才队伍建设，有力地支撑了企业的经营和发展。

2020 年年报数据显示，调味品上市公司研发投入排名前三位的企业分别是海天味业、梅花生物和中炬高新，研发投入额分别为 7.12 亿元、4.68 亿元和 1.54 亿元。研发投入占年度营业收入比例排名前三位的企业是日辰股份、仲景食品和海天味业，比例分别为 3.62%、3.55% 和 3.12%。具体内容见表 5–4。

表 5-4　2020 年调味品产业 11 家上市公司的研发投入分析

序号	公司名称	研发投入（元）	研发投入占年度营业收入比例（%）
1	海天味业	711,748,662.76	3.12
2	梅花生物	468,201,630.62	2.75
3	中炬高新	154,130,171.85	3.01
4	恒顺醋业	57,769,206.91	2.87
5	千禾味业	45,221,538.75	2.67
6	加加食品	30,264,207.19	1.46
7	天味食品	30.394,819.68	1.29
8	仲景食品	25,779,001.99	3.55
9	涪陵榨菜	21,494,619.40	0.95
10	安记食品	10,572,417.02	2.51
11	日辰股份	9.540,069.83	3.62

资料来源：上市公司年报。

5.5.5　展望 2021　业绩可期

在 2020 年年报中，有 7 家调味品上市公司对 2021 年的经营计划进行了定量展望，营业收入和净利润均计划同比增长 10% 以上。其中，天味食品、梅花生物和中炬高新的营业收入计划分别同比增长 30%、20% 和 19.06%，仲景食品、梅花生物和海天味业的净利润计划分别同比增长 25%、20% 和 18%。具体内容见表 5-5。

表 5-5　7 家调味品上市公司 2021 年经营计划分析

序号	公司名称	营业收入（亿元）	同比（%）	净利润（亿元）	同比（%）
1	海天味业	264.40		75.60	18

续表

序号	公司名称	营业收入（亿元）	同比（%）	净利润（亿元）	同比（%）
2	中炬高新	61	19.06	9.85	10.68
3	安琪酵母	102.56			10.32
4	仲景食品		15		25
5	恒顺醋业		13		13
6	天味食品		30		15
7	梅花生物		20		20

资料来源：上市公司年报。

注：梅花生物是参照员工激励计划的数据整理而得。

5.6 调味品上市公司发展趋势分析

5.6.1 绩优股发展前景广阔

作为调味品产业的头部企业，海天味业的品牌、渠道、技术、营销和综合管理优势突出，上市以来一直处于产业领先地位。

从产品线来看，海天味业在酱油市场地位稳固，调味酱、蚝油市场占有率高，食醋和料酒等新品种类不断丰富，公司逐渐成为综合调味品平台公司。从基本面和价值投资的角度分析，未来海天味业仍有一定投资价值，其根源在于中国股市的食品类上市公司发展前景差别较大，存在优胜劣汰的市场空间。

从市场业绩来看，近几年海天味业的销售收入增长率一直维持在两位数以上。在市场消费升级及公司产品结构不断优化状况下，海天味业作为调味品产业的大盘绩优股发展前景不可小觑，且较长时期会处于业内领先地位，被其他企业超越的可能性极小。

5.6.2 成长股不断涌现

如果说海天味业属于调味品产业名副其实的大盘绩优股，近几年陆续涉足资本市场的加加食品、佳隆股份、安记食品、千禾味业、天味食品、仲景食品、日辰股份则成为调味品产业的成长股，也包括在新三板市场登陆的百味佳等公司。其中，加加食品为中国酱油上市第一股，佳隆股份为中国鸡精（粉）调味料上市第一股，安记食品为中国香辛料上市第一股，千禾味业是中国西南地区的调味品产业龙头股，天味食品为火锅调料上市第一股，仲景食品是以调味酱为主要产品的成长股，日辰股份是以定制产品为主的成长股。

上述调味品产业成长股具有企业资产规模小、专业化程度高、产品线相对单一和利润普遍不高的特点，基本属于地方品牌或区域性品牌，未来既存在较大的上升空间，但也存在不确定性。其不确定性表现为这些成长股公司的市盈率比较高（40 ～ 80 倍），高于当前食品板块的平均市盈率。未来，不排除其中的一些公司通过资本市场运作发展为全国性品牌的可能。

5.6.3 发展股相对稳定

调味品产业的发展股是指在历史比较悠久的传统国有企业基础之上发展起来的上市公司。代表企业有恒顺醋业、中炬高新、涪陵榨菜、安琪酵母和星湖科技。现在基本都是国有控股企业，属于消费品领域的国企改革概念股。

恒顺醋业是中国调味品协会的会长单位，恒顺醋业董事长杭祝鸿兼任中国调味品协会会长，恒顺醋业近年来净利润不断增长，这主要得益于公司的结构性改革，处置了一部分非主营投资。

中炬高新原是广东中山市的高新科技企业，属于较早上市的国有企业。现在已发展成为中国调味品产业的头部企业之一，其酱油生产已稳居国内前三名，厨邦酱油在业内有较高的知名度。目前，中炬高新已实现混合所有制改革，对公司发展构成利好，存在广阔的发展前景。

涪陵榨菜始建于清光绪年间。产品风味独特，色味俱佳，营养丰富，不论是佐餐，还是烹炒、煮汤，皆有鲜香脆嫩、食而不腻的特点。公司以“涪陵榨菜”的原传统名称上市后，为传统产品插上了现代化的翅膀，使原来的民间小菜一跃而成为五星级饭店的餐饮必备品，可谓凤凰涅槃。

安琪酵母和星湖科技作为国有企业，主要为调味品产业提供酵母抽提物和核苷酸二钠原料，并以产品的不可替代性获得了巨大发展空间。

由此可见，由原来的传统国有企业发展起来的调味品产业发展股已成为食品行（产）业一道靓丽的风景线。可以预见，随着国企混合所有制改革力度的加大和供给侧结构性改革的推进，调味品产业还将出现一批新的发展股，如北京二商王致和食品有限公司、天津市利民调料有限公司、广东珠江桥生物科技股份有限公司和广州致美斋食品有限公司的股票。

5.7 海天味业、中炬高新和贵州茅台等个股的对比分析

5.7.1 关于企业的分析与研判

自 2020 年 2 月 28 日以来，海天味业、中炬高新和贵州茅台等消费股的 2019 年年报陆续披露。披露时间和主要经营指标如表 5–6。

从表 5–6 可知，贵州茅台是中国白酒行业的绝对老大，其营业收入、利润总额及利润率都是其他酒企和消费股无法比肩的。在许多上市公司盈利减少或不盈利的情况下，贵州茅台一骑绝尘，且在短期内其他上市公司无法超越。这是由企业的核心竞争力和市场价值决定的，而非政府补贴等政策影响所致。

表 5–6　部分上市公司 2019 年度经营指标

公司名称	营业收入（亿元）	同比增长	净利润（亿元）	同比增长	每股收益（元）
中炬高新	46.75	12.20%	7.18	18.19%	0.9
（美味鲜）	44.68	15.98%	7.29	27.61%	
贵州茅台	854.3	16.01%	412.06	17.05%	32.80
海天味业	197.97	16.22%	53.53	22.64%	1.98

续表

公司名称	营业收入（亿元）	同比增长	净利润（亿元）	同比增长	每股收益（元）
安琪酵母	76.53	14.47%	9.02	5.23%	1.09
涪陵榨菜	19.90	3.93%	6.5	–8.55%	0.77
恒顺醋业	18.32	7.51%	3.25	5.68%	0.41
千禾味业	13.55	27.19%	1.98	–17.4%	0.43
天味食品	17.27	22.26%	2.97	11.39%	0.74

海天味业和中炬高新是中国酱油（主打产品）细分产业的老大和老二。其 2019 年的营业收入、利润总额及其利润率不仅仅是在调味品产业领先，而且在食品饮料行业都是佼佼者。酱油属于人民群众生活的刚需品，即使在全民“战疫”期间，餐饮业一片萧条、一地鸡毛的情况下，酱油的家庭消费却出现了爆发式的增长。正所谓“西方不亮东方亮”，这种现象通过中国股市和海天味业、中炬高新等上市品牌企业“管中窥豹，可见一斑”。

股市是经济的晴雨表，也是市场的试金石。全民“战疫”期间，虽然经历了美国股市的 3 次“熔断”，但上证指数一直徘徊在 3000 点上下。

2020 年 3 月 16 日，上证指数收于 2789.25 点，下跌 3.4%；深证成指收于 10253.28 点，下跌 5.34%；创业板指收于 1910.77 点，下跌 5.90%。海天味业、中炬高新和贵州茅台等消费股的市值及收盘价见表 5–7。

表 5–7　2020 年 3 月 16 日贵州茅台与调味品产业部分上市公司的市值及收盘价

公司名称	市值（亿元）	收盘价（元）
贵州茅台	13404.00	1067.00
海天味业	2646.00	98.00
中炬高新	331.20	41.57

续表

公司名称	市值（亿元）	收盘价（元）
安琪酵母	259.90	31.54
涪陵榨菜	231.80	29.36
恒顺醋业	134.50	17.16
千禾味业	106.70	22.90
天味食品	171.50	41.50

海天味业、中炬高新和贵州茅台是我国食品行（产）业中名副其实的绩优股、价值股和潜力股，发展预期稳定、业绩优良、势头很好且在较长时期内其他企业难以超越。其中，贵州茅台的股价基本维持在 1000 元左右；海天味业的股价基本维持在 100 元左右；中炬高新的股价基本维持在 40 元左右。因此，我们可以得出如下结论：

第一，股价长期上涨的趋势不会改变。从较长时期的发展趋势看，海天味业、中炬高新和贵州茅台等消费股的股价仍有一定上升空间。虽然高点难以预测，但长期趋势不会改变。

第二，短期内其他同类企业难以超越。从快消品的投资收益来看，海天味业、中炬高新和安琪酵母的每股收益是调味品产业其他同类上市公司短期无法实现和难以超越的。

第三，针对短期投资者，建议关注部分效益上升型企业。对于快进快出的短期投资者而言，要想提高投资收益还得随机应变。为了使投资者能够实现“买好股、增收益”的价值投资梦，在调味品产业中有安琪酵母、涪陵榨菜、恒顺醋业、千禾味业和天味食品等企业值得关注。

安琪酵母是为食品饮料、面制品和调味品业提供食品配料和酵母抽提物的全球性企业，是国家食品行（产）业中的重点科技型应用企业，属于地方国企。由于其在全民“战疫”期间受到投资者的追捧，股价从

2020年春节前的29元左右上升到春节后的32元左右，上涨幅度为10%左右。

涪陵榨菜是以生产榨菜为主的综合调味品生产企业，也是我国酱腌菜细分产业的头部企业，属于地方国企。由于其产品的不可替代性，其股价从2020年春节前的25元左右上升到春节后的30元左右，上涨幅度超过10%。

恒顺醋业是以生产食醋为主的综合性调味品生产企业，属于地方国企。由于该企业经营稳健，其股价从春节前的16元左右上升到春节后的18元左右，上涨幅度超过10%。

千禾味业是以生产酱油为主的综合调味品生产企业，其产品线与海天味业、中炬高新（美味鲜）趋同。属于产权明晰的民营企业。由于其主业推进和产品结构调整到位，其股价从2020年春节前的21元左右上升到春节后的23元左右，上涨幅度在10%以上。

天味食品是以川味调料、火锅调料为主的综合调味品生产企业，属于复合调味料细分产业的骨干企业，也是产权明晰的民营企业。其产品特色突出，经营态势良好，发展前景可期。

综上所述，作为生活必需品，调味品虽然在全民“战疫”期间销售受到一定影响，导致部分产品的消费量有所下降；但随着家庭消费的强劲增长，调味品备受青睐。尤其是上市头部企业和品牌企业的发展势头不减。所以，在中国股市较为低迷、美国股市3次“熔断”、欧洲及亚太地区其他国家股市满眼绿色的情况下，我国的调味品个股最终还是走出了一波独立上涨行情，令人刮目相看。这也是价值投资理念的生动实践和阶段性胜利。

根据以上5家上市公司的特点和其2019年年报，结合当前的经济形势和市场态势，有以下几点需要投资者知晓。

第一，国企要考虑高管变动因素，但整体发展基本稳定。安琪酵母、涪陵榨菜和恒顺醋业均为地方国企，存在企业高管变动的不确定性，面临混合所有制改革的机遇。长期来看，其生产经营体制和机制不会有较大变化。作为科技型头部企业，发展预期基本稳定。

第二，民企发展动力强劲，预期稳定，但短期内创新动力不足。千禾味业和天味食品为产权明晰的民营企业，不存在控股股东和企业高管变动的不确定性，企业发展动力强劲，但有明确企业定位、扩大规模和调整产品结构的需求。企业发展预期稳定，但短期内突破创新的动力不足。

第三，对于部分股价偏高的企业，投资者需认真研究投资策略。有的企业由于上市发行价格较高，造成市盈率偏高，其经营业绩与市值不相匹配，可能不利于资本在推动企业发展中发挥作用。有的企业股价已从较高点的60元左右回落到2020年3月16日的40多元。这种情况需要企业家和投资者认真研究，做好相应的战略调整和采取正确的投资策略。

第四，企业的生产特点与经营模式需密切关注。投资者还应密切关注调味品上市公司的生产特点、主业推进战略和术业专攻的经营模式。如2019年上市的日辰股份，是名副其实的小盘绩优股。但因其是以生产食品添加剂和食品配料产品为主，生产模式主要为工厂化定制，与上述列出的企业有所不同，没有可比性。所以，不对其做价值投资分析。此外，梅花生物是以生产味精为主的调味品上市公司，与上述所列企业也不具有可比性。

第五，价值投资理念的正确性至关重要。调味品上市公司的投资价值出现分化。安记食品、加加食品和佳隆股份的股价出现较大变化，从上市初期的每股20元以上回落到2020年3月16日的10元以下甚至更低。说明其在发展战略、经营模式、市场开拓和资本运作方面存在一定问题。亟须吸取教训，认真整改，迎头赶上。否则，企业的发展前景不容乐观，其市场表现再次印证了价值投资理念的正确性。

5.7.2 资本市场与部分食品饮料类个股的波动分析之一

2020年3月16—17日美国纽约股市三大指数暴跌，道指跌12.93%，标普500跌11.98%，纳指跌12.32%。盘中引发美股第三次熔断。

受美国股市影响，中国股市2020年3月17日开盘后三大指数集体下跌，跌幅一度达2%以上。截至收盘，三大指数跌幅收窄涨跌互现。其中，上证指数收于2779.61点，下跌0.34%；深证成指收于10202.75点，下跌0.49%；创业板指收于1917.70点，上涨0.36%。海天味业、中炬高新和贵州茅台等消费股的收盘价及市值见表5–8。

表5–8 2020年3月17日贵州茅台
与调味品产业部分上市公司的收盘价及市值

公司名称	收盘价（元）	市值（亿元）
贵州茅台	1045.10	13129.00
海天味业	97.00	2619.00
中炬高新	42.06	335.10

续表

公司名称	收盘价（元）	市值（亿元）
安琪酵母	31.23	257.41
涪陵榨菜	28.00	221.00
恒顺醋业	17.75	139.10
千禾味业	23.22	108.20
天味食品	40.45	167.10

2020 年 3 月 17—18 日，美股在美国政府万亿美元刺激计划的影响下翻红，截至收盘，道指上涨 5.20%；纳指上涨 6.23%；标普 500 指数上涨 6.00%。

2020 年 3 月 18 日，中国股市受隔夜美股影响，一度上涨，但最终收跌。上证指数收于 2728.76 点，下跌 1.83%；深证成指收于 10029.57 点，下跌 1.70%；创业板指收于 1887.04 点，下跌 1.60%。A 股三大指数集体下跌，跌幅均在 1.50% 以上。

其中，海天味业、中炬高新和贵州茅台等消费股的市值和价格见表 5–9。

表 5–9 2020 年 3 月 18 日贵州茅台
与调味品产业部分上市公司的收盘价、市值及当日涨跌幅

公司名称	收盘价（元）	市值（亿元）	当日涨跌幅（%）
贵州茅台	1007.99	12662.00	–3.55
海天味业	97.00	2619.00	0.00
中炬高新	41.90	333.80	–0.38
安琪酵母	30.62	252.30	–1.95
涪陵榨菜	27.92	220.40	–0.29
恒顺醋业	17.78	139.30	+0.17
千禾味业	22.46	104.60	–3.27
天味食品	40.63	167.90	+0.45

从表 5-9 可知，调味品板块受大盘影响较小，海天味业的当日涨跌幅与上个交易日持平，中炬高新下跌 0.38%，贵州茅台下跌 3.55%。恒顺醋业和天味食品小幅上扬。

2020 年 3 月 18—19 日，美股再次暴跌，触发当月也是历史上罕见的第四次熔断。截至收盘，道指跌 6.3%，失守 2 万点大关；纳指下跌 4.7%；标普 500 下跌 5.18%。

2020 年 3 月 19 日，中国 A 股三大指数涨跌互现。截至收盘，上证指数自 3 月 11 日以来已连续第七日下跌，收于 2702.13 点，下跌 0.98%；深证成指收于 10019.86 点，下跌 0.10%；创业板指收于 1894.94 点，上涨 0.02%。

其中，海天味业、中炬高新和贵州茅台等消费股的收盘价、市值和当日涨跌幅见表 5-10。

表 5-10　2020 年 3 月 19 日贵州茅台
与调味品产业部分上市公司的收盘价、市值及当日涨跌幅

公司名称	收盘价（元）	市值（亿元）	当日涨跌幅（%）
贵州茅台	996.00	12512.00	−1.19
海天味业	93.4	2522.00	−3.71
中炬高新	40.55	303.00	−3.22
安琪酵母	30.40	250.50	−0.72
涪陵榨菜	27.61	217.90	−1.11
恒顺醋业	17.67	138.50	−0.62
千禾味业	22.25	103.70	−0.94
天味食品	41.78	172.6	+2.83

2020 年 3 月 19—20 日，美股在终结恐慌性下跌走势后震荡走高。道指收于 20087.19 点，涨幅 0.95%；纳指收于 7150.58 点，涨幅 2.30%；

标普 500 收于 2409.39 点，涨幅 0.47%。

2020 年 3 月 20 日，中国 A 股结束近期连续 7 日下跌的局面，三大指数集体上涨。截至收盘，上证指数收于 2745.62 点，上涨 1.61%；深证成指收于 10150.13 点，上涨 1.30%；创业板指收于 1915.05 点，上涨 1.06%。其中，海天味业、中炬高新和贵州茅台等消费股的市值和价格见表 5–11。

表 5–11　2020 年 3 月 20 日贵州茅台和调味品产业部分上市公司的收盘价、市值及当日涨跌幅

公司名称	收盘价（元）	市值（亿元）	当日涨跌幅（%）
贵州茅台	1035.28	13005.00	1.61
海天味业	100.04	2701.00	7.11
中炬高新	41.50	330.60	2.34
安琪酵母	31.70	261.20	4.28
涪陵榨菜	28.68	226.40	3.88
恒顺醋业	17.90	140.30	–1.30
千禾味业	23.20	108.10	4.21
天味食品	43.34	179.10	3.73

通过对 2020 年 3 月 17—20 日美国和中国股市的观察分析，结论如下。

第一，中国 A 股受美国股市的影响不可小觑。疫情在国外暴发的“黑天鹅”事件给国际资本市场造成重创。

第二，中国 A 股自有特点和规律可循。如果美股大跌，A 股必大跌；美股上涨，A 股不一定上涨，但也不会大跌。

第三，正确的价值投资理念至关重要。价值投资理念是降低“黑天鹅”事件影响和规避市场风险的有力武器。

第四，企业良好的经营业绩突显其投资价值。海天味业、中炬高新和贵州茅台等消费股的良好经营业绩是其股价跨越牛熊、给投资者以良好回报的有力支撑。

第五，价值投资分析理念还需市场检验。对海天味业、中炬高新和贵州茅台等消费股的价值投资分析有待通过市场的长期监测得以验证。

5.7.3 资本市场与部分食品饮料类个股的波动分析之二

2020 年 3 月 20—21 日，美股三大指数全线下跌，道指收于 19173.98 点，下跌 4.55%；标普 500 收于 2309.92 点，下跌 4.34%；纳指收于 6879.52 点，下跌 3.79%。至此，美股近一个月以来的跌幅已超过 30%，并在 10 天内出现 4 次熔断。这种现象是 2000 年科技股崩盘、“9·11”事件和 2008 年金融危机以来未曾出现过的，无疑成为美国经济步入衰退的先兆。

2020 年 3 月 23 日，受美股影响，中国股市再次跌破 2700 点。截至收盘，上证指数下跌 3.11%，收于 2660.17 点，离 2020 年 3 月 19 日的最低点 2646.91 只差 13.26 点。深证成指下跌 4.52%，收于 9691.53 点，跌破万点大关。创业板指下跌 4.60%，收于 1827.05 点。其中，海天味业、中炬高新和贵州茅台等消费股的收盘价、市值及当日涨跌幅见表 5-12。

表 5-12　2020 年 3 月 23 日贵州茅台
与调味品产业部分上市公司的收盘价、市值及当日涨跌幅

公司名称	收盘价（元）	市值（亿元）	当日涨跌幅（%）
贵州茅台	1019.00	12801.00	−1.57
海天味业	102.38	2765.00	+2.34
中炬高新	41.50	330.60	0.00
安琪酵母	30.41	250.60	−4.07
涪陵榨菜	27.37	216.00	−4.57
恒顺醋业	17.99	141.00	+0.5
千禾味业	22.88	106.60	−1.38
天味食品	42.82	176.90	−1.20

综合以上情况分析可知：中国股市受美股影响甚大。美股的恐慌性下跌使海天味业、中炬高新和贵州茅台等消费股的走势受到强烈冲击。表 5-12 所列 8 只股票，只有海天味业和恒顺醋业是上涨的。尤其是海天味业逆市上扬，由开盘的每股 97.40 元上涨到 104.38 元，中间多次冲击整数关口，最后收于 102.38 元。贵州茅台与海天味业的股价比维持在 10∶1。

分析其原因主要有两方面：一是有较大资金进入；二是 2020 年 3 月 26 日海天味业将公布年报，对其良好业绩的预期可能是投资者趋之若鹜的原因。当然，这也是价值投资理念的一种市场表现。

2020 年 3 月 23—24 日，美国股市再次大跌。截至收盘，道指收于 18591.93 点，下跌 3.04%；标普 500 收于 2237.40 点，下跌 2.93%；纳指收于 6860.67 点，下跌 0.27%。

2020 年 3 月 24 日，中国股市并未受美股影响。A 股三大指数高开，沪指站上了 2700 点。截至收盘，上证指数上涨 2.34%，收于 2722.44

点；深证成指上涨2.37%，收于9921.68点；创业板指上涨2.73%，收于1876.91点。

其中海天味业、中炬高新和贵州茅台等消费股的收盘价、市值及当日涨跌幅见表5–13。

表5–13　2020年3月24日贵州茅台与调味品产业部分上市公司的收盘价、市值及当日涨跌幅

公司名称	收盘价（元）	市值（亿元）	当日涨跌幅（%）
贵州茅台	1056.00	13265.00	+3.63
海天味业	104.02	2809.00	+1.60
中炬高新	42.79	340.90	+3.11
安琪酵母	31.62	260.60	+3.98
涪陵榨菜	30.11	237.70	+10.01
千禾味业	24.14	112.50	+5.51
天味食品	45.58	188.30	+6.45

2020年3月24—25日，美股迎来报复性反弹。截至收盘，道指收于20702.91点，上涨11.30%，收复20000点大关，上涨2000余点；标普500收于2447.33点，上涨9.38%；纳指收于7417.86点，上涨8.12%。由此可见，受疫情和国际资本市场风云变幻的影响，美股暴涨暴跌的特征十分明显。

2020年3月25日，中国A股波澜不惊，延续上涨行情。截至收盘，上证指数上涨2.17%，收于2781.59点；深证成指上涨3.22%，收于10241.08点；创业板指上涨3.25%，收于1937.85点。

其中海天味业、中炬高新和贵州茅台等消费股的收盘价、市值及当日涨跌幅见表5–14。

表 5-14　2020 年 3 月 25 日部分上市公司的收盘价、市值及当日涨跌幅

公司名称	收盘价（元）	市值（亿元）	当日涨跌幅（%）
贵州茅台	1080.10	13568.00	+2.28
海天味业	104.11	2811.00	+0.09
中炬高新	43.44	346.10	+1.52
安琪酵母	31.90	262.90	+0.89
涪陵榨菜	29.90	236.00	–0.70
恒顺醋业	18.89	148.00	+0.91
千禾味业	24.86	115.80	+2.98
天味食品	46.00	190.10	+0.92

从美股和 A 股的实时情况看，2020 年 3 月 20—25 日中国 A 股发生了一些变化，表现出以下明显特征：

第一，美股大跌时，A 股不一定大跌，但下跌的概率较大，有时候还可能上涨。

第二，美股大涨时，A 股不一定大涨，但上涨的概率较大，下跌的概率较小。

第三，中国 A 股的独有特征不断强化，与美股等国际资本市场的相关性有所减弱。这说明 A 股投资者越来越趋于理性，投资信心逐渐增强。尤其是海天味业、中炬高新和贵州茅台等消费股的独立行情值得价值投资者期待。

综合以上情况分析，疫情的蔓延对国际资本市场造成了巨大影响，道指已从疫情之前的 29000 点以上跌去近万点，徘徊在 20000 点左右。道指何时止跌或者见底，谁都无法预测，但“瘦死的骆驼比马大”，美国股市和美国经济有较强的自我修复能力，这是被历史反复证明过的。

中国 A 股受美股影响显而易见。虽然中国经济的基本面没有问题，

全民抗疫已取得阶段性胜利；但A股很难摆脱国际资本市场的扰动和冲击。由于疫情的国际扩散仍存在不确定性，所以并不排除下一只“黑天鹅”随时会出现。

中国A股自2015年以来一直徘徊在3000点上下，其间被裹挟、被错杀、被低估的绩优股不在少数。但我深信，随着中国A股投资价值的逐渐显现，未来走出独立行情可期可盼，价值投资理念万万不可动摇。对于短期投资者而言，要么谨慎博弈，要么远离，想在市场中挣大钱、挣快钱几乎是不可能的。

5.7.4 资本市场与部分食品饮料类个股的波动分析之三

2020年4月1—2日，美股大跌。道指收于20943.51点，下跌4.44%；标普500收于2470.50点，下跌4.41%；纳指收于7360.53点，下跌4.41%。

2020年4月2日，中国A股三大指数集体反弹，走出与美股相反的行情。截至收盘，上证指数收于2780.64点，上涨1.69%；深证成指收于10179.20点，上涨2.28%；创业板指收于1916.95点，上涨2.80%。

2020年4月2—3日，美国三大股指集体收涨。道指收于21413.44点，上涨2.24%；标普500收于2526.90点，上涨2.28%；纳指收于7487.31点，上涨1.72%。

2020年4月3日，中国A股三大指数集体回调，上证指数收于2763.99点，下跌0.60%；深证成指收于10110.11点，下跌0.68%；创业板指收于1906.67点，下跌0.54%。

4月份以来，中国A股出现了与美股走势明显背离的现象。呈现出你跌我就涨，你涨我偏跌的格局。

2020年4月3—4日，美股再次下跌。道指收于21052.53点，下跌1.69%；标普500收于2488.65点，下跌1.51%；纳指收于7373.08点，下跌1.53%。

中国A股对美国股市的影响可见一斑。

2020年4月6日，A股因清明节放假休市一天。

2020年4月6—7日，美股三大指数高开高走。截至收盘，道指收于22679.99点，上涨7.73%，涨超1600点；标普500收于2663.68点，上涨7.03%；纳指收于7913.24点，上涨7.33%。

2020年4月7日，中国A股三大指数集体高开，站上2800点。截至收盘，上证指数收于2820.76点，上涨2.05%；深证成指收于10428.91点，上涨3.15%；创业板指收于1969.78点，上涨3.31%。

由此可见，隔夜美股的涨跌对中国A股的走势仍有很大影响。其中海天味业、中炬高新和贵州茅台等消费股的收盘价、市值及当日涨跌幅见表5–15。

表5–15 2020年4月7日贵州茅台与调味品产业部分上市公司的收盘价、市值及当日涨跌幅

公司名称	收盘价（元）	市值（亿元）	当日涨跌幅（%）
贵州茅台	1159.95	14571.00	+1.77
海天味业	133.85	3614.00	+4.65
中炬高新	47.69	379.90	+2.30
安琪酵母	31.40	294.10	+2.62

续表

公司名称	收盘价（元）	市值（亿元）	当日涨跌幅（%）
涪陵榨菜	27.37	247.90	+3.05
恒顺醋业	20.22	158.40	+4.07
千禾味业	27.40	127.60	+1.52
天味食品	47.63	196.80	+1.86

通过综合分析可知：

第一，投资价值得到市场肯定。海天味业、中炬高新和贵州茅台等消费股的投资价值充分显现，受到市场热捧。前期买入的投资者收益可观。

第二，预测准确：海天味业开始领涨贵州茅台。2018 年 3 月 21 日，我曾在“价值中国网”发表《关于海天酱油与茅台酒的猜想》一文并指出：“基于对我国宏观经济大势的研判和近年来消费市场增长预测，我认为贵州茅台的股价在不太长的时期内（1 年左右）会稳定在 800 元左右无疑；与此同时，海天味业的股价会稳定在 80 元左右。从较长时期来看（2 年之后），贵州茅台和海天味业将成为 A 股市场的 1000 元股和 100 元股无疑。且贵州茅台和海天味业的股价比基本维持在 12 : 1 或 10 : 1。”至今两年过去了。2020 年 4 月 7 日收盘，贵州茅台的股价为 1159.95 元，海天味业的股价为 133.85 元。2020 年 4 月 1—8 日，贵州茅台和海天味业的股价和股价比见表 5–16。

表 5–16　2020 年 4 月 1—8 日贵州茅台和海天味业的股价和股价比

时间	贵州茅台的股份（元）	海天味业的股份（元）	贵州茅台 : 海天味业
4 月 1 日	1103.00	121.80	9.06 : 1
4 月 2 日	1145.00	124.38	9.21 : 1
4 月 3 日	1139.79	127.90	8.91 : 1

续表

时间	贵州茅台的股份（元）	海天味业的股份（元）	贵州茅台：海天味业
4月7日	1159.95	133.85	8.67∶1
4月8日	1159.76	127.30	9.11∶1

从长远发展趋势看，海天味业领涨贵州茅台的现象还会持续。保守预测，贵州茅台和海天味业的股价比未来5年会趋向于8∶1左右。

以上分析是在2019年的中国股市年报统计数据和A股的实时行情与现状的基础上所做的分析和研判。

春节“战疫”期间，我亦在中国A股小试牛刀，晚上看美股，白天炒A股，小本投资，几次进出，赚钱不多，步步惊心，但终有斩获，算是对自己分析和观点的一次验证。

5.7.5 喝酒还是打酱油?

2020年7月16日，中国A股大跌，各大板块跌幅均在5%上下，创本轮牛市新低。每见市场波动，总有仁者见仁、智者见智之分析，公婆各自有理，不足为奇。

在众多分析研判之中，有人把这次市场大跌的主因归咎于人民日报海外版发表的一篇《变了味的茅台，谁在买单？》的质疑文章。与此同时，某“茅粉”起诉人民日报海外版的言论在坊间不胫而走。

股市是最透明的市场，投资者拥有用脚投票的权利。贵州茅台涨也好，跌也罢，绝非一篇分析文章能够决定的。人民日报海外版的文章虽是一家之言，但它有权自由表达观点，任何人无可置疑。

我曾在东方财富网看到两条股民留言，一问一答，大意如下。问：双汇发展和海天味业同属快消品股，为什么海天味业的市值比双汇发展的市值高那么多？答：这还不明白，酱油产品家家户户天天都要用，现在还有多少人想吃火腿肠呢？一问一答，却让我醍醐灌顶。如此朴实无华的语言比某些分析文章更让人心服口服。

话说回来，贵州茅台和海天味业之所以能成为中国 A 股的翘楚，让投资者众星捧月般紧紧追随，概因其靓丽的业绩（贵州茅台 2019 年营业收入为 854.30 亿元，净利润为 412.06 亿元；海天味业 2019 年营业收入为 197.97 亿元，净利润为 53.53 亿元）和给予投资者的可观回报。

股市从来都是非理性的，时刻存在着难以预料的风险，谁都无法预测“黑天鹅”和“灰犀牛”何时到来。所以，投资者一定要常怀敬畏之心，切不可一遇市场大跌就怨天怨地，迁怒于无辜。如果我们能够直面当日 10 多只白酒股齐齐下跌，且一字跌停的现实，冷静分析导致此次大跌的行业（企业）内因和市场外因，总会找到调整投资策略的良方妙药和投资之道。

我本人不爱喝酒，也从来不买白酒企业的股票。因为贵州茅台的股价太高，高处不胜寒。所以，即使贵州茅台的股价涨到天上去，也与我无关。但贵州茅台却是我关注和研究的重点目标，如果市场出现非理性下跌，则有“城门失火，殃及池鱼”之虞。这时我会结合调味品产业的情况认真研究分析海天味业等消费股第二天是涨还是跌的企业内因与市场外因，以制定正确的投资策略和采取必要的纠错手段。

2020 年 6 月 18 日，中共中央政治局委员、国务院副总理刘鹤在对第十二届陆家嘴金融论坛的书面致辞中，对资本市场提出“建制度、不干预、零容忍”的九字方针，体现了党和政府对中国资本市场的高度关注和百般呵护，也表明了党和政府对中国A股市场制度改革的决心和信心。我相信，随着中国A股市场化、法制化的完善和信息披露、发行、退市制度的建立健全，市场出清、优胜劣汰的时机很快就会到来，中国股市的春天真的不远了。

5.7.6 海天味业第二波领涨贵州茅台的原因何在

2020年12月11日上午收盘后，上证指数为3338.69点，下跌1.03%。此时，海天味业的收盘价为188.66元，贵州茅台的收盘价为1812.00元，贵州茅台与海天味业的股份比向8 ：1靠拢。这已是第二次出现海天味业领涨贵州茅台的现象。

2020年4月8日，我曾在《我又猜对了》一文中阐述：“从发展趋势看，海天味业领涨贵州茅台的现象还会继续。保守预测，贵州茅台和海天味业的股价比未来5年会趋向于8 ：1左右。”

2020年9月1日，上证指数收在3410.61点，海天味业的收盘价为188.68元，贵州茅台的收盘价为1801.98元。贵州茅台与海天味业股价比逐渐接近8：1。这是这一年第一次出现海天味业领涨贵州茅台的现象。

无独有偶。虽然这种现象的出现时间比我预计的提前了5年左右。但仅仅相差3个多月就再次得到验证，则说明其中必有规律可循，实际上也就是海天味业领涨贵州茅台的理由和原因所在。

为此，我把2020年4月8日未公开发表的理由和原因披露如下，仅供参考。

一是供求问题。酱油属于大众消费品，消费需求理论上存在无限性。从消费角度来看，海天味业的产品被全部消费了，需要再生产补给；而茅台酒一部分被消费了，但仍有一部分甚至大部分被收藏起来了，并没有被消费。而没有被消费的部分并不需要生产补给，这种消费理论上存在有限性。

二是名酒消费的地域性特征比较明显。如山西有汾酒，四川有五粮液，江苏有洋河大曲，安徽有古井贡酒，湖南有酒鬼酒，等等。并不是任何地方的消费者都喜欢喝茅台。

三是海天味业属于智能化和规模化的调味品生产企业，具备了现代制造业的特点。而贵州茅台的生产除包装流水线外，生产工艺比较传统。传统的生产工艺与名优白酒的供求矛盾短期内无法解决。

5.8 提高上市公司质量之我见

党的十九届五中全会强调高质量发展，而提高上市公司的质量也是在践行高质量发展的理念。但怎样才能提高上市公司的质量呢？

提高上市公司的质量是一项系统工程，涉及制度、文化和市场经济的方方面面。有些重点工作难度极大，绝非一蹴而就。本文拟提出以下 5 点浅见，以起抛砖引玉之作用。

5.8.1 继续推进注册制改革

注册制改革的核心是理顺政府与市场的关系，让市场发挥资源配置的决定性作用。实施透明化操作是市场化配置资源的必备条件，有进有退则是资本市场的常态。但长期以来，中国A股市场的退市制度形同虚设，几乎没有发挥应有的作用。在中国A股市场发展的30多年历史中，被真正退市的公司仅为80家，年均退市不到3家。一些已经丧失经营能力的公司长期“赖”在A股市场，形成了一批“壳资源”，助长了一部分投资者的“炒差”投机心理。市场出清、优胜劣汰功能无法全部实现。这也是导致A股市场牛短熊长的重要原因之一。

我们不妨看一下实行注册制的美股市场，其进入和退市制度都比较成熟。最近十余年来每年新上市的公司有300家左右，而每年退市的企业也在300家左右。这即是美股市场能够相对牛长熊短的根本原因。因为通过市场筛选后留下来的都是比较优秀的公司，其对资本市场产生的正向作用不言而喻。

5.8.2 弘扬企业家精神是提高上市公司质量的根本

企业家是中国改革开放的产物，也是中国资本市场的宠儿。中国A股市场为企业家提供了千载难逢的发展良机，也是企业家优胜劣汰的战场。

A股市场可以为企业家定价，既是他们积累个人财富，获取合法收入的场所；又是他们可以大显身手，追求事业成功的“用武之地”。

近年来，借助资本市场的发展，涌现出一批几亿甚至百亿富豪，这在中国历史上是不多见的。这种现象，有效证明了中国A股市场的伟大和神奇，其根本原因在于企业家精神被发挥得淋漓尽致。

由此可见，弘扬企业家精神对提高上市公司的质量是多么重要。

5.8.3 加强融资者教育是提高上市公司质量的必要条件

股市有风险，投资需谨慎。这是资本市场人人皆知的道理，也是对成千上万投资者的忠告。

资本市场是一个投融资市场，同时也是一个财富增长和管理的市场。资本市场的生命力源于上市公司的成长性，上市公司负有相关责任。投资者既有维护公司发展的义务，也有用脚投票的权利。

在目前的A股市场，加强投资者教育固然重要，但这是双向选择的问题。因为投资者自担风险，在这种情况下，我认为更重要的任务则是加强融资者教育，以增强融资者的市场敬畏感，这是中国资本市场由过去的以间接融资为主向今后的以直接融资为主转变的大环境所需要的，也是提高上市公司质量的必要条件。

5.8.4 为企业家人才的脱颖而出创造环境和机会

创新靠什么？靠思想，靠人才，靠有思想的人才。

社会需要为企业家人才的脱颖而出创造环境和机会，我认为可尝试从以下3个方面寻求突破：

一是允许市场建立企业试错机制，营造创业创新的市场环境；

二是相关部门做好监管与执法工作；

三是支持和鼓励企业或个人在教育与科技领域弘扬创新文化。

以上这3个方面的工作，说起来容易，做起来不易。但这是提高上市公司质量的前提条件，是一项长期任务。只有常抓不懈，才能出成效，没有任何捷径可走。

5.8.5 为提高上市公司质量做好服务工作

目前，我国存在着一大批行业协会，它们承担着政府做不到、做不好和做不了的工作。这些社会组织包括中国证券业协会和中国上市公司协会等综合性协会，也包括中国酒业协会、中国肉类协会和中国调味品协会等专业性协会。这些协会在指导生产、引导消费、制定行业标准和规范中发挥着十分重要的作用。

综合性协会的工作偏重于协调和管理；专业性协会的工作偏重于规则的制定和咨询服务。所以，综合性协会和专业性协会的工作既有相同的地方，也有不同的要求。尤其是对专业性协会来讲，熟悉行（产）业情况、厘清发展思路、洞察市场趋势是必不可少的。如中国调味品协会就根据产业发展态势和上市公司的实际情况成立了上市公司专业委员会（研究会），专门研究分析上市公司，为全方位提高上市公司质量做好服务工作。

第 6 章
拨开产业发展迷雾

6.1 调味品产业需在夯实基础之上寻求突破

6.1.1 结构性产业矛盾急需调整

供给侧结构性改革在调味品产业表现得很突出，改革主要分两个方面：一方面是边际效应递增的企业，需要全方位突破；另一方面是边际效应递减的企业，需要加快结构调整的速度。

在供给侧结构性改革方面，需正确认识的主要误区有：市场开拓、消费引导和产品创新等。这些不属于供给侧结构性改革的内容，是任何一家企业尤其食品生产加工企业应该坚持不懈追求的目标，也是需求侧寻求突破的主攻方向。

调味品产业的上市公司正在积极谋求结构性的调整。比如，通过调整，海天味业市值已达6000亿元以上；恒顺醋业把一个身处微利领域的企业做成了科技创新型企业，目前正在寻求混合所有制改革的突破；中炬高新、加加食品、千禾味业、涪陵榨菜、佳隆股份、安记食品都获得了产业资本的青睐，增强了企业的竞争力，这都是供给侧结构性改革的结果。同时，一些企业还获得了其他资本的注入，实力大大增强。与此同时，供给侧结构性改革在异地扩张方面也取得成效，如海天味业在江苏宿迁建设10万吨蚝油加工厂，中炬高新在广东阳西开发区建设10万吨酱油生产车间；加加食品在四川阆中市建设年产2万吨高盐稀态工艺酱油技改项目等。

但在食品行（产）业，也有中粮这样的大企业近几年在产业扩张方面出现失误。包括君顶酒庄的一元钱转让，五谷道场的悄然退市等，这都是食品全产业链战略失误造成的后果。

6.1.2 传统与创新结合是调味品企业发展的源泉和动力

第一，牢记科技是第一生产力。我曾多次参加产业与企业的创新发展论坛，谈了一些看法。主要观点有三：一是调味品产业越来越重视科技的推广应用，全国与食品专业有关的大学在研究重点和关键技术上取得了重要突破。二是科技成果的产业化成为推动产业升级换代的主要标志。三是调味品产业的稳步增长为企业的科技进步提供了发展机遇。所以说，调味品产品和企业的创新离不开科技支撑，但也要熟悉产业特点和需求。

第二，创新是企业发展的永恒话题。比如恒顺料酒增鲜功能的开发和李锦记酱油品种的推陈出新等。

第三，传统产品的市场潜力挖掘和规模效益的扩大很重要，但核心工艺不能丢弃。如酱油的技术及设备可以创新和更新，但上千年形成的传统工艺不可丢弃。

第四，产品和市场营销固然重要，但企业发展战略更重要。如果李锦记当年在新会建设的不是以酱油为主的加工厂，就难以形成今天的规模和实力。

第五，企业家要重视人才，敢用新人。企业家更要有看人的眼光和用人的胸怀，否则，再好的发展战略也难落实。

6.2 调味品与调理食材的产业共享

6.2.1 调味品对于调理食材的重要性

对调理食材来说，调味品非常重要，其重要性如下。

第一，人类离不开阳光、空气和水，也离不开调味品。

第二，自古至今，谷类、薯类、豆类、肉类等的味道未有大变化。而调味品千变万化，味道日益丰富，使人们的生活过得有滋有味。如从休闲食品绝味鸭脖到麻辣小龙虾，味道的鲜美主要靠调味品发挥作用。

第三，过去的食品加工中，食用盐、食糖和甜味香精是主要原辅料，现在各种调味料、酱油、咸味香精和酵母抽提物则成为新的加工原辅料。

6.2.2 调味品产业发展趋势

第一，调味品产业增速趋缓，挑战与机遇并存。2020年我国GDP增速为2.3%，2020年餐饮业的收入增速同比下降16.6%；调味品的增速为7.2%，市场表现较好，规模企业效益提高，品牌效应不断放大，上市公司发展较好。2017年6月20日，中国A股被正式纳入明晟（MSCI）新兴市场指数和全球基准指数，这是A股上市公司的一大长期利好。当然，也有部分未上市的企业规模效益显著，如贵州老干妈。

第二，机遇大于挑战，供给侧结构性改革势在必行。著名经济学家吴敬琏认为，供给侧结构性改革分两个部分：一是供给侧，从供给侧找问题、求对策；二是最终解决问题要靠结构性改革。

2017年，根据国家统计局的数据，排中国制造业行业信心增长指数前三名的行（产）业为：第一是互联网IT，第二是餐饮与娱乐服务，第三是医疗健康。而调味品产业与餐饮业密切相关，供给侧结构性改革为调味品企业的兼并重组和混合所有制改革提供了整合和发展的机遇。2020年，中国消费者信心指数中的消费者满意指数为137.13，总体呈乐观状态。

第三，上规模、调结构、促消费是调味品产业发展的主旋律。具备规模效益和前景看好的企业，大多为知名品牌和内业龙头企业。如方便面消费的下降和冷冻食品的增长，为咸味香精的发展提供了调整的契机。如调味料酒的用量增加为调味品企业和部分酒类生产企业提供了发展机遇。如山东富氏酱油瞄准国际先进水平，不断加大供给侧结构性改革的力度，为中国酱油企业走向世界树立了典范。

6.3 铁强化酱油项目介绍

调味品是人民生活的必需品，而酱油是我国的调味品之王。自从有关部门决定在改善居民膳食营养活动中开展“铁强化酱油项目”推广工作以来，中国调味品协会积极与中国疾病预防控制中心（以下简称中国疾控中心）合作，参与并实施了该项目的有关工作。在发挥行业协会优势的基础上，依靠业内骨干和知名品牌企业，全面推进了铁强化酱油项目在我国的开展。

6.3.1 酱油细分产业基本情况

酱油细分产业是调味品产业的第一大品类，其产销量和企业规模均居调味品产业首位，发展潜力巨大，目前已经形成了规模化的生产集群和品牌效应。一些找准市场定位的酱油品牌发展良好。因此，酱油细分产业近年来备受市场的关注和青睐。

6.3.2 铁强化酱油的市场推广情况

2004年，由卫生部疾病预防控制局领导、中国疾控中心具体负责组织实施、中国调味品协会联合推动的铁强化酱油试点工作在我国部分省（区、市）陆续启动。

一期工作的重点是定点生产企业的选择，主要由中国疾控中心完成铁酱油定点企业的推荐、筛选、考察和初审工作。企业在经过中国调味品协会评审，并通过由中国疾控中心食物强化办公室组织的业内专家现场检查验收后，会获得由中国疾控中心和中国调味品协会联合发布的印有“铁强化酱油”的统一标识。让消费者买得放心，吃得明白。实践证明，这种运作模式取得了较好的效果。第一期的铁强化酱油项目在中国疾控中心食物强化办公室的管理和具体实施下，在政府有关部门、各地卫生防疫系统、行业协会和企业的参与下，取得了显著的成效。尤其是政府和企业“两个轮子一起转”营销思路的确定，为铁强化酱油项目的市场营销打下了坚实的基础，有力地推动了铁强化酱油项目的启动和后续工作的开展。

二期项目工作的重点是在继续加大铁强化酱油营销力度的基础上，借助中国调味品经销商会和全国调味品厂商联盟的平台，在定点企业按照自有渠道销售的基础上，由项目办公室选择具有实力的经销商，制定优惠政策，对定点企业生产的铁强化酱油产品统一销售，并定期管理和维护销售网络。同时定期参与由中国调味品协会主办的每年一届的中国（国际）调味品及食品配料博览会（CFE）和相关的专业会议，加大铁强化酱油的推广力度，扩大铁强化酱油的生产企业和经销商队伍，全面推进二期项目的市场销售工作，促进铁强化酱油项目的可持续性发展。重点有5个方面的工作：

第一，夯实基础工作。建立经销商选择标准、进入门槛约束机制，制定铁强化酱油厂商联盟销售策略和优惠机制。包括对区域基本销售任务的制定、生产企业对经销商的优惠政策统一制定、项目办公室对经销商的销售奖励与市场支持等。根据所选区域经销商的实力设定区域销售任务；要求生产企业给所选经销商提供最优惠的卖价、促销及返利政策；对于完成区域销售任务的经销商予以奖励和支持，对于未完成任务的，暂时予以剔除。

第二，选择优秀经销商并鼓励其持续运作和发展该项目。从厂商联盟的经销商成员中选择优秀经销商，要求达到国家调味品经销商一级资质、渠道网络健全、诚信经营的经销商自愿加入，并要求其愿意遵守统一的销售政策和相关规定。

第三，产业推广。中国调味品协会和中国调味品经销商会组织召开有关酱油产品的专项研讨会或市场贸易洽谈会、酱油细分产业市场发展研讨会、高峰论坛、技术交流会、食品安全及信用体系建设专题会、经销商渠道订货会、厂商对接会等。有效促进了铁酱油项目在中国酱油细分产业的推广，提高了产业关注度和知晓率，吸引了更多的生产企业和专业经销商关注并加入铁酱油项目。从而促使产业推广与经销商销售互为补充、相互促进、共同提高。

第四，定期工作总结。定期召开春、秋季的项目成员工作会和调味品博览会期间的年度工作总结会，对年度优秀经销商进行表彰和奖励；召开项目组成员工作座谈会，确定分工和实施细节；定期召开项目总结会，对存在的问题和出现的情况进行讨论、通报并交流经验。

第五，加强媒体宣传和公益推广。在协会自有媒体《中国调味产业》《调味品经销商》和“中国调味品网”上建立铁酱油专题，由专人负责发布和转载信息。在《中国食品报·调味品专版》建立铁酱油专栏，发布信息。通过《中国食品安全报》《食品科技》《中国食品》和“慧聪网”等专业媒体宣传铁强化酱油项目。支持并参与家乐福的强化食品宣传周和中国食物强化与营养改善研讨会等活动，积极宣传铁强化酱油项目。

6.3.3 铁强化酱油项目工作成果显著

铁强化酱油项目是一项利国利民的公益活动，其市场推广运作模式是通过实践总结出来的有效工作模式，主要由政府部门牵头、行业协会配合和骨干企业联合推动。2014 年，铁强化酱油项目确定了 11 家合作经销商，项目重点推广企业达到 20 家，试点地区已经覆盖北京、上海、吉林、河北、山东、江苏、广东、广西、贵州、辽宁、河南等 11 个省（区、市），铁强化酱油定点生产企业的年产量达到 300 万吨，约占整个市场总量的 50%。铁强化酱油项目基本涵盖了全国所有省（区、市），甚至偏远地区；基本上所有的主流超市和批发市场都有铁强化酱油产品，而且每个项目推广省份的当地主流生产企业都制定了生产铁强化酱油的工作目标。实践证明，以调味品产业的骨干企业或知名品牌企业带动铁强化酱油项目的推广，是一条有效途径。而且，铁强化酱油项目的开展，对酱油生产企业改善生产条件、改进生产工艺和提高企业管理水平也有明显的推动作用。

因此，中国调味品协会将继续努力，一如既往地配合政府有关部门和各地疾控中心共同做好铁强化酱油的市场推广工作，并全力以赴做好酱油生产企业的服务和指导工作。

6.4　香辛料细分产业食品安全与技术创新

6.4.1　食品监管是手段而非目的

目前，中国经济发展出现了一些新的变化，高档餐饮业的经营遇到现了一定的困难，但调味品仍然是一个方兴未艾的产业，其发展仍表现出强劲的势头。

2018 年的机构改革为进一步加强我国食品安全工作奠定了很好的基础，但是应当强调的是：食品监管是手段而非目的。

企业的主要任务是开发适销对路的、有市场竞争力的产品，以满足食品企业及广大消费者的需求。而目前出现的一些食品安全问题，并不是食品行（产）业本身有问题。所以从这个意义上讲，食品安全监管部门在处理某些问题时仍然需要深思和进一步研究。

目前，相关部门对食品安全监管的思路是十分对路的，即由重检测转向重过程管理。实际上，社会上仍存在诚信问题等，食品安全问题的解决任重道远。但是，整个行（产）业对食品安全的重点问题一定要认清，而不是盲目地相信不良舆论的误导。

6.4.2　食品加工配料的应用前景十分广阔

目前，有 6 种食品加工配料发展速度比较快：第一，香辛料调味品。它既是天然的终端产品，也是调味品加工及食品加工的重要原辅料和配料。第二，水解植物蛋白及水解动物蛋白。第三，味精及核苷酸二钠。第四，酱色①，又称焦糖色。广泛应用于食品、药品（口服液）、饮料及酱油中。第五，酵母抽提物。20 世纪 90 年代进入中国，现用于许多调味品和小食品中，可以调节口味，但主要是掩盖不良气味，如海鲜味等。第六，肉味、咸味香精。

以上 6 种原料，都有十分广阔的应用前景。值得一提的是，这些产品都可能单独或共同应用于调味品加工及食品加工。

6.4.3　原辅料的开发应用问题

专用原辅料的安全及其品质，也是目前食品行（产）业十分关注的问题。如香辛料本是天然产物，但现在人为添加了一些东西，造成了污染。

原辅料行业发展的关键是要为企业提供专用的原料，如酿造专用原料中有机原料的开发与认证等，这都需要业内专家根据行业的特点进行

① 广泛应用于食品中的一种着色剂。

专业研究。

6.5 鸡精调味料相关问题

6.5.1 何为鸡精

鸡精是以鸡肉、鸡蛋、鸡骨头和味精、特鲜（强力）味精等为原料，经特殊工艺制作而成的产品，属于复合调味料。它的特点是既有鸡肉香味，又有味精的鲜味，风味独特，可用作餐饮调料和各种汤料。如果制作工艺精良、配方得当，鸡肉和味精、超鲜味精的融合，还可以产生“鲜味相乘”的效应，产生更浓郁、美味的复合香味。这是鸡精调味料近年来发展较快的原因。

6.5.2 鸡精与味精的区别

鸡精属于复合调味料，味精的主要成分是谷氨酸钠。鸡精和味精最大的区别在于，鸡精具有复合口味——鲜味和鸡肉香味，还可以产生“鲜味相乘”的效应；而味精的作用主要是增鲜。故对鸡精和味精而言，不能简单地认为孰好孰坏，两者的主要区别在于产品的特点、风味和用途均不同。

6.5.3 鸡精与味精的市场现状及消费前景展望

鸡精调味料是近年来复合调味料中发展最快的一种新产品，被消费者普遍接受和喜爱。全国复合调味料的总量为150万吨左右，其中鸡精为15万吨左右，占比接近1/10，属于异军突起的一个品种。其他复合调味料为火锅调料、方便调料、各种酱类等，虽然数量大，品种多，风味各异，处于不断发展过程中，但目前难以批量生产。由于特点鲜明，鸡精近年来产量上升较快，既可用于家庭，又可用于饭店，市场前景非常广阔。味精的产量要比鸡精高，不仅是增鲜调味品，还是制作鸡精的主要原材料之一，两者各有各的市场定位。

那么，鸡精能否代替味精呢？不可能。因为鸡精和味精是两种调味品。虽然两者共同的作用是增鲜，但也有不同的特点。如果鸡精就是味精，那也就没有今天鸡精调味料的大发展了。味精是外国人发明的，历史要更早；而鸡精是由中国人发明的，始于1984年前后，历经30多年坎坷，已成为复合调味料中的新亮点。鸡精的快速发展是近10年内的事，预计今后还会有更大的发展空间。

从世界消费趋势看，日本“味之素”的专家做过详细调查：近几年，日本传统的酱油、味精等单一产品的消费量呈下降趋势；而复合调味料则呈增长趋势。目前，这种现象在我国也得到了印证。鸡精产品从无到有，还有其他复合调味料不断涌现就充分证明了这一点。

对于鸡精代替味精问题，不能通过行政手段去解决。目前有两种情况：一是有的鸡精生产企业宣传自己产品的特点，强调自己产品在具备了鸡肉香味的同时，鲜度指标较高，可以代替味精使用，甚至更好，而且货真价实，优质优价，敢于对消费者负责，这种宣传无可非议；二是消费者购买了某种鸡精，使用后确实感到产品质量较好，风味独特，成为该品牌鸡精的忠实消费者，即“回头客”。我曾接触到不少用鸡精代替味精使用的消费者和厨师。这两种情况都属正常。

我认为，鸡精能不能代替味精，不由某个人说了算。关键是要看市场认不认可，消费者认不认可。市场是检验产品最好的试金石。对生产味精和鸡精的企业来讲，关键是要“与时俱进”，主动适应市场需要开发新产品。实际上，目前大多数味精厂都在生产鸡精，只是产品档次不同而已。另外，据报道，在一些发达国家，鸡精已经占据了味精 80% 左右的市场份额。这种现象值得企业关注并加以研究。

6.5.4 我国鸡精生产厂家的情况

目前，我国生产鸡精的企业共有 60 ～ 80 家。主要厂家有上海太太乐、四川豪吉、广东美味鲜、四川金宫、东莞永益、佳隆股份等。产量最大的是上海太太乐，2002 年的产量就接近 5 万吨，占到全国近 40% 的市场份额，年销售额过 6.9 亿元；2020 年的销售额超过 50 亿元。目前，鸡精市场销售火爆。鸡精衍生产品市场的地域性特征较为明显。

6.5.5 判断鸡精优劣的主要标准

鸡精的行业标准已经颁布，主要体现了两方面内容：一是鸡肉、鸡蛋的含量，用“全氮”来表示；二是味精的含量，用鲜度表示。怎样判断鸡精的好坏？可参照两个指标：一是感官指标，包括色泽、香气、“体态”、味道，即用眼睛看，鼻子闻，嘴巴尝，没有好的风味就不是好的调味品；二是理化指标，即“全氮”等的含量，含量越高，质量越好。感官指标和理化指标是相辅相成的，即“全氮”含量高的产品，风味相对好；风味相对好，“全氮”含量就高。当然，作为调味品不仅需要真材实料，配方和工艺也非常重要，不过这是厂家的商业秘密，也是企业的核心竞争力之一。当然，“全氮”指标不是衡量鸡精产品优劣的唯一标准。

“全氮”既有用肉类生产的，也有添加植物蛋白生产的，需要和感官指标结合使用。鸡精应该加入鸡肉、鸡蛋等，才会有鸡香味；加入牛肉，“全氮”含量也会提高，但就不是鸡精了，而是牛肉精了；而加入水解植物蛋白，也会提高“全氮”含量，增强风味。但由于好的植物蛋白的价格比鸡精还高，企业不会大量用植物蛋白去代替鸡精。至于用鸡肉香精、香料等配制的产品，如果不含有“全氮”，产品质量和风味都较差。对于“全氮”到底是用牛肉还是用鸡肉产生的，目前还是世界级的难题，有的企业正在攻关研究。对生产企业而言，应把主要精力放在研究鸡精的口味上，并制定合理的引导性理化指标。对于鸡肉含量低、档次低、生产成本低、价格也便宜的鸡精调味料，只要卫生指标符合要求，食用安全就可以了，至于营养问题，不是调味料主要解决的问题。如果真要摄取营养就去喝鸡汤好了。做好鸡精调味料的关键是解决风味和用途问题。

第 7 章 关于调味品产业的企业家研究

7.1 企业家定位

7.1.1 概念的提出

我在《中国劳动力职业分类及职务行为研究》（见“价值中国网”）一文中，主要分析研究了两大类社会劳动力的职业分类及职务行为，是着眼于政治体制和经济体制而对职业分类和职务行为研究的破题。

下面主要介绍劳动力中的人才定位问题，即一个有劳动能力的人能干什么且能干好，从而实现职务行为的目标。

7.1.2 人才定位中的个人定位和企业家定位

7.1.2.1 个人定位

下面，我以自身为例把个人的职业定位和职务行为表述如下：

一是在会长的领导下怎样当好执行会长。同时，作为中共党员，按照“不忘初心、牢记使命”的主题教育思想要求，我坚守的初心是：探索建设中国一流行业协会。牢记的使命是：立足行业、凝聚会员、面向市场、服务企业。

二是带领协会专职工作人员既谋生存，又求发展。

三是通过个人投资，挣点小钱。按照“二八、九，买海天，买一万（股），挣一万（元）；买十万，挣十万；买一百万，挣一百万”的思路，低吸高抛、价值为先、严控风险、挣点小钱。目的是改善生活，争取家庭生活的话语权。股市是最透明的，赔与赚大家都看得很清楚。2019年初战小胜，投资收益率约为25%。我认为每个人在生活中的不同时期、不同年龄会有不同的角色定位。

7.1.2.2 企业家定位

企业家定位与个人定位完全不同。它是对于企业家的职务行为而言，而不是对于个人和家庭生活而言。

1. 民营企业家定位

海天味业的庞康先生就是履行职务行为的优秀人才，其职务行为是把海天味业做到了业内第一，企业的各项经济指标领先于同行，属于业内先进水平。

我曾当面问过庞总的生活动力来自哪里。庞总淡然回答每天早 8 点上班，晚 8 点下班，就是为了事业。同时，庞总在把企业做好的同时，实现了个人财富的爆发式增长，目前其个人身家已达 600 亿元以上。由此可见，庞总对行业、对社会的贡献越大，个人财富的增长速度越快；而庞总的个人财富越多，意味着海天味业会有更快的发展。由上述内容可知，民营企业家的定位和职务行为作用的发挥使企业家获得了极大的满足感和成就感。

2. 国有企业家定位

我曾在《国企改革新思路》一书中，把国有企业家定位为准公务员。我认为，国有企业家主要分为两类：一类是处于公益性和自然垄断行业的企业家，另一类是处于竞争性领域或行业的企业家。虽然处于竞争性领域或行业的企业家不多，但毕竟存在且与前者区别较大。如现任中国调味品协会会长、江苏恒顺醋业股份有限公司董事长的杭祝鸿先生就是处于竞争领域或行业的国有企业家，与其前任马永林、叶有伟等人，有一样的定位：既要带领企业谋求发展，做大做强；又要使国有资产保值增值。他们都是共产党员，也都获得了全国劳动模范的光荣称号。安琪酵母的原董事长俞学锋先生也是国有企业家的典型代表。由于其对安琪酵母的特殊贡献，65 岁才光荣退休，并被宜昌市人民政府聘请为参事。这也是一种荣誉。

3. 其他企业家定位

除民营企业家和国有企业家外，还有一种企业家，即职业经理人。职业经理人是按照合同或契约要求在企业履行职务行为的人才，既不是民营企业家，也不是国有企业家，而是职业性企业家，是企业家中的特例，其定位和激励机制由合同或契约决定。

对比之下，不同的企业家定位及激励机制会产生不同的效果。

北京大学张维迎教授在研究企业家才能发挥方面有独到见解。但他把里根、撒切尔夫人等人定位为制度企业家，我不赞同这种观点。我认为里根、撒切尔夫人等人还是定位为政治家易于被人理解和认同。

通过研究分析，我认为：民营企业家的定位逻辑顺畅、清晰且有规律可循；国有企业家的定位较难明确，只有寄希望于通过国家倡导的混合所有制改革予以破题。

7.2 中国调味品产业的发展寄希望于民营企业

10 年前，我曾就我国调味品产业的发展发表过一篇文章，其中的观点较为鲜明，“民族工业不需再提，国有企业退出别无选择，没有品牌难以发展”。

10 年过去了，中国调味品产业获得了迅猛的发展，即原来以国有调味品企业为主的商办工业，出现了大分化，涌现出了一大批市场占有率高的民营调味品企业，如酱油细分产业中的第一、二、三名分别为海天味业、加加食品和广东美味鲜；食醋细分产业中的第一、二、三名分别为恒顺醋业和山西的水塔、紫林；鸡精细分产业中的第一、二、三名分别为上海太太乐、四川豪吉和联合利华；香辛料细分产业中的第一、二、三名分别为驻马店王守义十三香、上海味好美和安记食品等。味精细分产业中名列前茅的是梅花生物、阜丰集团和山东菱花，辣酱细分产业中名列前茅的是贵州老干妈和李锦记等，这些企业大多为民营企业或合资企业，即使是国有企业也已在资本市场上市，成为公众股份公司。对北京王致和、天津天立独流和山西东湖少数国有企业而言，虽然发展不错，但规模不大。酱腌菜细分产业由于其特殊性，传统的酱菜生产企业发展速度较慢，但出现了涪陵榨菜这样的上市公司。在中国鸡精细分产业的发展过程中，除上海太太乐和四川豪吉是外资企业外，民营企业将作为中国调味品产业的代表登上历史舞台，并最终实现上市。

虽然当时证监会的专家认为，食品行（产）业的技术含量比较低，相关企业不能在创业板上市；但是，后来涪陵榨菜和佳隆股份在中小板上市，成为我国调味品产业的一件大事。

为此，中国调味品协会曾与中国食品科学技术学会合作，组织了以中国工程院院士、北京工商大学校长孙宝国教授为首的一批专家学者，对调味品核心技术进行了科学论证，并将有关材料报送有关部门广为宣传，为调味品产业的发展呼吁政策支持。另外，这些年国有企业的发展也证明了我 10 多年前观点的正确性。2008 年，由于受国际金融危机的影响，全年央企利润在 6900 亿元左右，2009 年央企的利润达到了 8000 亿元，而 2007 年央企的利润近万亿元。由于全国的国有企业是亏损的，只有央企是盈利的，所以 2007—2009 年全国国有企业的利润总和与 35 万亿元规模的国有企业资产相比，其资产利润率只有 1% 左右。也就是说，2007—2009 年我国国有企业的利润率较低，远低于银行 3 年期定期存款年利率。

7.3 企业接班人遴选机制的比较研究

从 1978 年算起，中国的企业改革经历了 40 多年的发展历程。在企业改革中最突出的成效就是涌现出了一批比较知名的民营企业，在国民经济中发挥着举足轻重的作用。

目前，在这批知名企业中，大多数企业面临接班人遴选或企业领导人换届的问题。因此，企业接班人的遴选机制就成为经济学界比较关注的研究课题。

民营企业产权清晰，企业领导人一般都是创始人，子女接班顺理成章，大多数企业都能实现平稳过渡。如果子女不愿意接班，企业才会选择其他传承形式。但产权的传承应该是明确的，即由创始人决定其传承方式及接班人的选择原则和选择办法，遴选机制明确。

股份制企业的接班人遴选机制应该参照股份制企业的性质，一般来讲应坚持大股东说了算的原则，即“一股独大”，没有他法。

与上述情况相比，其他单位和社会组织的接班人遴选机制有较大不同。党政机关和事业单位实行的是任命制；行业协会实行的是由上届理事会推荐，党政主管部门核批后再由新一届理事会选举产生的遴选机制。

7.4 案例解读：一个家族企业的创业与发展思路浅析

宁波长荣酿造设备有限公司的创始人任荣泽先生是在中国改革开放的大背景下成长起来的企业家之一。其本人只有高中学历，原在国营宁波味华酿造食品公司机修车间工作，后通过承包经营，白手起家，一手创建了宁波味华机械有限公司，曾为我国调味品工业设备的更新换代做出突出贡献。后来，又在此基础上，2010 年成立了宁波长荣酿造设备有限公司，希望在食品机械设备制造行业实现更大的发展。其经营思路清晰且目标精准，呈现出层层递进的创业三部曲。

7.4.1 确立产权清晰的创业模式

1995 年，当中国调味品协会在北京成立之时，宁波诞生了一家为调味品产业制造机械设备的家族企业，创始人为宁波人任荣泽先生。当时只有二十七八岁年纪的任荣泽做出了一个大胆举动，即让其夫人出任宁波味华机械有限公司的董事长，自己出任公司总经理，从而确立了产权清晰的创业模式。经过几十年的艰苦奋斗，该公司在我国调味品产业取得的成绩有目共睹，现已成为中国首屈一指的调味品酿造机械设备制造企业。

7.4.2 奠定家族企业基业长青发展新模式

2010年，任荣泽创立宁波长荣酿造设备有限公司（以下简称长荣酿造），让儿子占有新公司80%的股权，奠定了家族企业基业长青发展新模式。

改革开放40多年来，我国许多家族企业都面临着第二代传承的问题，主要内容包括：一是企业原有业务能否发展壮大；二是子（女）承父业的商业模式如何选择；三是如何解决企业的发展动力和激励问题。如果这3个方面有一个解决不好，则企业将会陷入业务萎缩甚至破产、倒闭的不堪境地。

任荣泽先生的传承模式在这3个方面做到了未雨绸缪和精心设计。一是继续在调味品产业做强做精。其生产的圆盘制曲机、全自动蒸煮机等系列酿造设备达到了国际先进水平。由于其秉持顾客至上、与人为善的经营理念，具有吃苦耐劳的精神、谦虚谨慎的工作作风，使企业不断地在调味品产业取得新的突破，实现了稳步增长。二是让儿子在新成立的长荣酿造发挥更大的作用。其子是英国帝国理工学院机械工程专业的硕士毕业生，所学专业与酿造机械制造业对口，奠定了子承父业的基础。三是儿子比其父具有更高学历并储备了一定的现代企业管理方面的知识。加上儿子在新公司持有80%的股权设计，企业发展动力的获得和激励机制的完善，结果不言自明。

7.4.3 奠定长荣酿造未来发展的新思路

为适应国际食品制造业新变化，以产权为基础进行企业资源的重新配置，将奠定长荣酿造未来发展的新思路。

目前，我国调味品机械设备升级换代势在必行。同时，食品加工行（产）业又面临新的发展机会。尤其我国食品行（产）业中的包装、机械设备制造与国际水平存在较大差距。从啤酒到饮料，从乳制品加工到自动化食品生产包装流水线大多为引进或合资，急需国内食品机械设备制造企业的创新和突破。按照任荣泽先生的设想和规划，下一步将通过供给侧结构性改革进行产权置换，迈出国际化并购和重组的关键一步，以实现我国传统酿造设备制造业与国际制造业先进水平的快速接近甚至反超。

通过对一个家族企业创业与发展思路的分析和探讨，我认为长荣酿造的发展从一个侧面有力地印证了产权制度改革的重要性。产权因素是制约企业家才能发挥的主要因素。除此之外，长荣酿造还在技术投入（每年销售额的 5% 左右用作研发经费）、高级技术人才待遇等方面有独特的管理思路和相应制度。

作为长荣酿造从初创到发展壮大的见证人之一，我衷心期盼长荣酿造能够早日进入世界食品机械设备制造企业的先进行列。我也相信任荣泽先生一定会实现自己走向世界的中国梦。这是我对一位脚踏实地、勇于实践和对目标锲而不舍的创业者的衷心祝愿。

7.5 供给侧结构性改革中的企业发展机遇

我曾在2016年参加了食品行（产）业的几个研讨会和企业改革发展论坛，通过探讨企业如何在供给侧结构性改革中寻求发展机遇的问题，感到很多人并没有真正理解供给侧结构性改革的实质却言必称供给侧结构性改革，尤其是在一些行（产）业的发展引导上仅停留在口号式的宣誓阶段。如此，就失去了供给侧结构性改革的政策指导意义。所以，我认为有必要以正视听，提高对供给侧结构性改革政策的理解和认识，以对行（产）业和企业发展起到一定的助推作用。

供给侧结构性改革的政策核心是调结构、促转型和谋发展，主要内容包括3个方面：一是去库存、去产能和去杠杆。重点是处理积压滞销产品，盘活现有资产和处理僵尸企业；压缩过剩生产能力，减少金融虚拟产品和债务规模；处理银行坏账，控制信贷扩张。二是存量调整和改革。重点是国有企业改革、收入分配政策调整、减税免税和农村土地资源要素改革。三是制度改革。重点是以产权交易为中心的混合所有制改革、制度创新和制度供给，为经济的持续、稳定发展提供制度支持。

中国经济问题是结构性和体制性问题，而非由周期性和外部性因素导致。体制性因素阻碍了结构性出清，固化了原有经济结构。所以，供给侧结构性改革中的制度供给尤为重要。

以生产生活必需品的调味品产业为例，如何抓住供给侧结构性改革的历史机遇？就是要正视原有的调味品生产企业品牌边际效应递减的事实，及早做出调整和决策。而部分品牌边际效应递增的企业则要抓住这一历史性机遇，做好兼并重组和异地扩张等工作，在形成企业规模效应和提升品牌形象上做足文章。重点在专用原料、先进工艺、严格标准、规范管理、风味特色上寻求突破。近几年，海天味业、恒顺醋业、中炬高新、加加食品、梅花生物、阜丰集团、涪陵榨菜、安记食品、千禾味业、佳隆股份、安琪酵母、星湖科技等上市公司在资本市场上的纵横捭阖和“跑马圈地”则充分证明了供给侧结构性改革的必要性和重要性。

以我国传统的大豆食品加工业为例，过去豆制品是低值微利的产品，以单一的豆腐为主，且大多为作坊式加工生产。现在，传统的豆制品生产企业正在迈向现代化生产之路。新型产品如豆奶、豆粉、豆浆和花色豆制品不断涌现，产品保质期延长，受到消费者的青睐。很多以大豆为原料的保健食品、蛋白饮料等不断被开发出来，由此带动了中国大豆食品专用原料的市场需求。所以，在目前的豆制品行业，并不存在供给侧结构性改革的现实需要和必要性。中国的大豆食品生产企业应确立以满足市场需求为主的目标，要在专用原料、产品开发、结构优化、机制转换和商业模式创新上寻求发展空间。而优质大豆种植基地和大豆食品专用原料供应商则应把主要精力放在生产和提供高品质的非转基因大豆上。我国东北地区则应抓住这一千载难逢的机遇大显身手，为东北地区的经济振兴做出应有贡献。黑龙江农垦总局九三管理局打造中国大豆绿色食品专用原料生产基地的战略构想让我们看到了东北振兴的一线希望。而在深圳证券交易所上市的祖名股份则开了豆制品行业资本运作的先河。

广东阳西经济开发区具有得天独厚的优质自然资源和开放包容的发展环境，也是食品、调味品和豆制品的生产基地。得益于供给侧结构性改革的良好机遇，当地调味品产业的排头兵之一中炬高新已经展翅高飞，业绩优良。后来者只有立足行（产）业，认真做好企业定位、产品定位和品牌定位，方能在市场中占有一席之地。

附录

附录 A 高端访谈

A1 放眼全球：卫祥云谈中国调味品产业的现状与破局之道①

编者按：食品市场是不断变化的，调味品及食品添加剂产品也在不断演变。就目前而言，我国调味品及添加剂市场处于空前的繁荣发展时期，调味品及食品添加剂工业已成为食品行业增长的新亮点，几乎每个食品领域都与调味品、食品添加剂工业有关，大多数食品都离不开调味品及食品添加剂。也正是这样的需求使得调味品及添加剂时有问题被曝光，而真正解决好这一问题，需要国家加大管控力度，提高国民整体素质，共同维持良性的市场发展。

“牛肉膏”“一滴香”等事件一方面让消费者对这些物质的安全性产

---

① 王崇民．为生活添点美味：访中国调味品协会会长卫祥云[J]．食品安全导刊，2012（4）：54-55.

生了怀疑，另一方面也让对调味品与添加剂不能清楚区分的消费者更加恐惧。那么调味品与添加剂到底有何区别？添加剂在食品安全方面真的是“洪水猛兽”吗？带着种种问题我们采访了中国调味品协会会长卫祥云先生。

一、添加剂和调味品的区别

随着人们生活水平的提高，消费者在解决温饱之后就要求吃好，吃出“档次”，吃出“水平”，而要满足消费者的要求，就必须“美味”。为了满足消费者的需求，食品添加剂和调味品功不可没。

调味品和食品添加剂是一类吗？据卫会长介绍，食品添加剂是在食品加工过程中添加的，是用于改善食品品质保证食品安全的一种微量的元素，可以起到防腐、防霉的作用。首先，食品添加剂主要作为食品加工用，不能直接入口。其次，食品添加剂在GB2760—2011（调整了原标准允许使用的39个食品添加剂品种，删除了过氧化苯甲酰、过氧化钙等不符合食品添加剂安全性要求的添加剂种类）中有着严格的食品添加标准，而且对于每天每千克体重允许摄入的毫克数也有严格的量的限制，简称为ADI（Acceptable Daily Intake），一旦超量使用就会对消费者的生命安全构成威胁。

调味品是食品里的一大类，属于终端消费品，消费者能够在商店里直接买到。它的主要功能是增加菜肴的色、香、味，增进菜品质量，满足消费者的感官需要，从而刺激食欲，增进人体健康。其使用类型和用量也是消费者根据自己的口味来决定的。其主要用在餐饮行业、家庭厨房进行调味。

当然，调味品也可以算食品加工的半成品，可以用在食品加工环节。比如酱油可以作为餐饮、家庭调味用，同时在工厂里生产一些膨化食品时也需要用到一些高档酱油。

小结：调味品与食品添加剂所处领域属于典型的“小产品、大市场”，餐饮业、调味品及食品添加剂生产企业应严格遵守行业规范，同时相关部门要对在食品加工过程中添加非食用物质及超范围超量使用添加剂的违法行为进行查处，从而净化市场环境。

二、饮食差异决定调味品在国外难分一杯羹

由于中国特有的地域特点及口味习惯的差异，我国调味品目前仍主要以地方品牌居多，虽然一些企业的产品已逐步辐射到许多区域市场，但真正意义上的全国性品牌并不多，呈现“诸侯割据、强者不强”的状态。但是随着外资的引入，专业化、国际化的重组、市场资源的不断集中，调味品产业的集中度正在快速提高，一大批雄心勃勃的企业（李锦记、加加食品、海天味业等）都在为“统一中国”做着不懈的努力。随着业内巨头的全国性战略和较大区域品牌的扩张，在市场中割据一方的“诸侯”们既要面对业内巨头的严重打压，又要面对其他大区域“诸侯”的挤压，为了站住脚跟，更希望能在国际市场上分得一杯“羹”。

那么，国内调味品在国际大舞台的市场占有情况又如何？卫祥云会长为我们做了简单介绍。调味品在国内的增长速度是15%左右，这两年速度放缓，但总体还是比较稳定。大众调味品（酱油、食醋、辣酱）目前市场供求基本饱和。但是，调味品的出口量一直都不是很大，超不过10%，而且各国出口比较分散，并且量都不是很大，尤其是发达国家和

管理要求严格的国家。这是由各国的饮食特色决定的，美国、印度、阿拉伯国家应用调味品比较少。再加上我国国内市场比较大，有些出口产品的价格还没有在国内销售的价格高，所以调味品出口市场业绩平平。

小结："民以食为天"。在中国，"吃"已不仅仅是满足人类生存需要的概念。伴随着中国几千年文明的发展，逐渐形成八大菜系几千种菜肴，饮食成为中国的一种特有的文化。而调味品则始终是中国菜品口味众多的一个必要因素。正是因为调味品产业在国内有着巨大的市场容量和不可或缺的需求，使其在国内蕴藏着巨大的商业价值。

三、食品添加剂不是食品安全问题的根源

为了让食品在视觉、味觉上达到最佳效果，一些食品生产企业便非法使用未经国家批准或被国家禁止使用的添加剂品种或直接用非食用化学物质代替食品添加剂，如苏丹红、三聚氰胺、柠檬黄、防腐剂、着色剂、面粉处理剂和漂白剂等，将其添加到食品中。

综观这几年来发生的食品安全事故，卫祥云会长认为："事故之源不是食品添加剂本身，社会问题才是罪魁祸首。而且，在出现食品安全事件后甚至出现恶意炒作的现象，让本身就对添加剂和调味品区别不清的消费者更加模糊，让消费者在购买过程中产生了更多的疑问。此外，过去中国发生了不少食品安全事件，这些不是行（产）业管理的问题，也不是没有法规的问题，而是社会有法不依、执法不严的问题。"

作为调味品产业的服务与管理者，卫祥云说："现在协会的主要工作就是制定产业政策、制定调味品的产业标准然后开展企业标准化的研究、交流工作，以促进企业标准的完善和发展，通过引导性的行业标准、组

织好的调味品企业进行技术交流、开展业内研讨会和培训班等方法，帮助企业提高检测水平、产品的配方、培训高级工、开展服务交流工作，从根源上解决食品安全的问题。”

小结：不法商人的掺假作假，非法、滥用食品添加剂对消费者的身心健康造成了危害。对于不法企业或商人，广大群众处于弱势的地位，因此政府部门必须履行职能，加强市场管理，保证食品安全，给消费者创造一个安全、放心的消费环境。

四、结语

食品安全问题，不仅仅是老百姓关心的热点话题，也一直是“两会”的热点话题。近年来，我国食品安全工作取得了长足进步，但食品安全形势严峻的局面并没有得到根本好转。如何破解这一难题，记者认为可以从以下几方面来着手：

一是必须标本兼治，形成政府、社会、企业和消费者齐抓共管的强大合力。而让老百姓参与的前提是提高老百姓的生活水准、特别是低收入群众的收入水平。只有百姓富裕了、生活水平提高了，他们才会关注自身的生活质量，才会由最基本的吃得饱、吃得好，向高层次的吃得安全、吃得营养转变，这样不合格的食品才会失去生存的市场和条件，食品安全问题也就可以得到缓解从而被彻底地消除。

二是作为中式的调味品以及食品添加剂，如果要进入国际化大市场，就必须考虑中西饮食与调味的文化差异。根据不同地区的差异进行调整，调制适合当地人饮食习性的调味品。

三是政府应该高度重视食品添加剂的管理、建立健全食品添加剂的标准体系与法律法规、完善食品添加剂的危险性评估与检测技术、密切关注新型检测设备的研制，使用更先进的快速检测技术以满足监管工作的需要、明确监管职能，加强对食品添加剂的监督管理、加大宣传力度，营造有利于食品添加剂合理使用的社会氛围。引导食品添加剂企业重质量、重安全、重信誉，增强它们的食品安全责任意识和法律意识。在食品添加剂科普知识方面，加大对消费者的宣传教育力度，使他们了解食品添加剂，消除对食品添加剂的误解。

A2　山西醋业发展的品牌化思路①

前言：作为一种积淀近千年的区域性代表产品，山西老陈醋早已闻名遐迩，以其香、酸、甜和醇的特有品质深受消费者喜爱，同时也创造了自己的辉煌。在 1956 年和 1965 年的全国调味品鉴定会上，山西醋连续被评为第一名;《日本酿造协会杂志》也曾载文赞扬山西醋的功效。可以说，早已成为百姓生活“开门七件事”中的醋，是山西人民的智慧和农耕文明的结晶。

在产品同质化、终端细碎化的今天，山西食醋细分产业是否还拥有充足的发展空间？如何增强发展内生动力，实现山西食醋细分产业的可持续发展？如何推动山西由产醋大省向醋业强省转变？近日，笔者就这些问题走访了前来山西梁汾醋业有限公司考察调研的中国调味品协会常

① 根据以下内容改写：佚名．卫祥云考察山西梁汾醋业 谈中国醋业发展趋势[N]．山西日报，2014-07-25（3）。

务副会长兼理事会总干事卫祥云。

一、抢抓有利时机　改变现状刻不容缓

问：卫会长，您好。山西的酿醋历史悠久，山西老陈醋也早已驰名中外。请您针对目前醋产业发展的现状，谈一谈山西食醋业是否还拥有充足的发展空间？

答：虽然目前餐饮业有所下滑，但调味品发展还算比较稳定健康。据我们统计，今年我国调味品增长率达20%，食醋细分产业增长率为13%。在我看来，山西食醋行业总体发展还是比较健康的，优势也十分明显。

第一，山西食醋业的发展前景是广阔的。从大环境来看，国内外专家普遍认为21世纪健康食品是发展潮流。山西老陈醋作为广大消费者一致认可的绿色保健食品，需求量将会日趋增加。

目前我国食醋年产量为300万吨以上，并呈逐年递增趋势，全国食醋业发展势头强劲。由于山西老陈醋历史悠久，产品特点比较突出，消费群体比较稳定、消费区域也比较大，比如华北、东北、东南、西北都是主要的消费区域。食醋细分产业的消费惯性是很强的，很难转变的。所以山西老陈醋的需求量有着很大的空间。

第二，山西食醋业开发潜力巨大。山西发展食醋业具有得天独厚的优势。首先从资源优势看，山西素有小杂粮“王国”之称，小杂粮品种占到全国的70%以上，优质杂粮恰恰是酿醋的基本原料。其次是酿造技术，山西已有上千年的酿醋历史，山西老陈醋已成为全国食醋业的一个特定产品，“醋必称山西”成为人们的一种消费偏好，无论是从深度开

发，还是从广度开发，潜力都是巨大的。

问： 目前山西有醋企500多家，有商标的企业只有40多家，由于缺营销、缺创新、缺经营，加上“山西老陈醋”品牌被滥用，市场上以次充好、互相压价等因素使得山西醋企在全国叫得响的品牌为数不多，品牌的竞争力也比较弱。要进一步做大做强醋产业，亟须突破哪些发展瓶颈？树立山西陈醋品牌的关键点在哪里？

答： 目前，制约山西醋产业发展的因素涉及转变观念、转换机制、人才开发和技术进步等多个方面，最重要的是陈醋的品牌没有做起来，没有做到它应该达到的水平，而且陈醋产量上没有突破大企业规模化生产。在现在的调味品产业，没有量的突破，就很难巩固品牌和知名度。

要树立山西陈醋品牌，我认为必须注重以下两点：

第一，产品要有特色。食醋作为一个地方特色比较突出、产品特色比较突出的产品，结构调整，尤其是产品适销对路很重要，亟须优化。要做到产品适销对路，先要研究消费者的需求，而在食醋业研发新产品是比较难的。这既是挑战也是机遇，作为一个企业来讲，要抓住这个机遇，必须开发自己的产品。只有做到产品结构好，产品的风味好，才能满足消费者的需求。

第二，品质要有保证。小作坊生产，即使手工做得再好，也卖不了多少，而传统工艺实现工业化生产，必须有科技支撑，保证品质如一。而只有通过标准化、规模化、操作程序规范化以及工艺的衔接和技术的改进，才能达到品质的表里如一。品质有保证，才会有回头客，才可持续，这是发展规律。因此我认为山西醋业必须抢抓有利时机，改变现状，刻不容缓。

二、增强内生动力　着力补齐发展短板

问：其实针对这些问题这些年山西的醋企也进行了一系列的改革探索，您这次考察的梁汾醋业有限公司陈香老醋生产基地，其品种规模和目标市场在国内开了先河，请谈谈您对梁汾的印象和评价。

答：谈谈我这次来参观山西梁汾的印象吧。一是基于传统的创新。以董事长为代表的一批梁汾创业的知识分子，选择了食醋这样一个利润不高的细分产业，从技术的角度切入来研究老陈醋的历史现状和发展趋势，同时转换为科研成果，并将科研成果转换为工业化生产，是一件很不容易的事情。针对什么样的山西醋更适合消费者、怎么样才能开发出符合山西等不同区域市场消费者口味的老陈醋，他们做了 7 年的研究。可以说科研先行，做得这么完整这么系统这么详细，在业内是独一份的，尤其是在食醋工业化的关键环节大胆创新，开发固态密闭式发酵成套设备，在业内基本是首创的。通过工业化、智能化、标准化、现代化的实现，提升了食醋细分产业的整体生产技术水平和品质标准，使山西老陈醋由传统手工酿制技艺转变为现代新型微生物发酵工程的工业化技术体系。

二是经营理念的先进。梁汾醋业不是只看眼前的利益，或者短期利益，而是从长期出发，有一整套的规划和战略，技术是其核心竞争力。目前梁汾醋业已经形成了四大资源、三大中心、三类知识产权、四大基地，为以后快速发展打下了坚实的基础。

三是专业化的人才。梁汾醋业的人才是从好多醋厂第一线员工来的，

通过与一大批专家结合，形成了有干劲、有闯劲、有理论、有实践的优秀团队，他们通过微生物发酵工程技术调控，实现了传统醋产业工业化生产，提高了生产效率，这为梁汾醋业跨越发展、做大做强奠定了良好的基础。

山西其他醋企也只有像梁汾一样不断增强内生动力，着力补齐发展短板，通过技术创新，形成具有业内先进性的特色工艺，做出安全、健康、营养、优质的产品，才能带动山西醋产业领跑全国。

三、巩固发展态势　提质增效势在必行

问：未来山西醋企在发展中应该注意哪些问题，才能真正实现从产醋大省到产醋强省的转变？

答：醋企必须巩固发展态势，提质增效势在必行！还是以梁汾为例来谈这个问题，梁汾下一步发展要处理好以下问题。

一是目前的技术优势怎么转换为生产力，转换为经济效益？二是如何开发和占有市场的问题。在技术创新、设备创新的情况下，怎么填补食醋相对饱和或者别人产品的相对空白的地方？如何创新营销方法，在市场上取胜？这都是需要琢磨思考的问题。解决好这些问题，山西醋产业在未来可释放巨大发展潜力。

以点带面吧，最后谈谈我对山西醋业未来发展的期望：希望山西的醋产业能在市场竞争中抓主动，在产品提升中树品牌。

A3 打造中国调味品产业唯一品牌展会①

由中国调味品协会主办的2005’中国国际调味品博览会已于2005年11月25日在北京国际会议中心成功落下帷幕。此次博览会是中国调味品产业最具影响力、规模最大的品牌展会。此次博览会的宗旨是“促进产业资源整合、提升企业品牌形象”，在推动中国调味品产业的发展中扮演着独特而重要的作用。她是一个平台，汇聚了国内外调味品业的最新经营模式、技术和产品；她是一座桥梁，沟通了国内外零售商、供应商以及业内同人之间的交流与合作；她也是一个窗口，反映着中国调味品产业的飞速发展和辉煌业绩。

为此我们特采访了中国调味品协会会长卫祥云。

一、协会举办此次盛会的目的和定位是什么呢？

简单来讲就是“促进产业资源整合、提升企业品牌形象”。适应行业需求，为调味品及相关行（产）业量身定做，打造业内唯一品牌展会。使每年有参展需求的企业有展可参，保证参展企业的利益。

目前国内调味品展会市场混乱，每年以调味品为主题的展会有十几个，这些展会组织形式混乱或存在不规范的商业运作行为，使调味品生产企业无所适从，难以选择，不利于产业发展，也不能满足企业参展需求。为此，中国调味品协会承担起为产业打造唯一品牌展会的重任，为企业提供一个宣传品牌、展示新品、投资洽谈、相互交流的平台。同时

① 根据以下内容改写：邱彬．打造中国调味品行业惟一品牌展会：访中国调味品协会会长卫祥云[J].中外食品，2006（1）：68-69。

为调味品生产企业与批发商、零售商建立联系和进行贸易洽谈提供机会。

二、活动的成功举办离不开企业的支持和参与，这方面协会是怎么做工作的呢？

此次博览会一经推出即得到了众多国内外知名调味品品牌企业的支持，如龟甲万、联合利华、雀巢、达能、亨氏、金兰、味好美、希杰、诺维信、味滋康等国际品牌和李锦记、海天、恒顺、太太乐、王致和、六必居、王守义、淘大、珍极、珠江桥、致美斋、利民、天立、东湖、美味鲜、加加、水塔、龙门和田宽、灯塔、佳隆、豪吉、味莼园、红梅、鲁花、豪美佳、玉兔、鼎丰、宝鼎、味华、金瓯、安琪、博邦、荷花等国内品牌。

企业的积极响应给协会极大的鼓舞，同时协会也力求提供更专业周到的服务来回报企业，包括提供展位服务、宣传服务、信息服务等，并组织高质量的专业观众前来一对一洽谈。

三、专业观众的质量往往是参展企业所关注的，在这方面协会都做了哪些工作？此次展会的专业观众数量有多少？

协会从以下6个方面来确保此次博览会的观众质量：①利用协会10年来积累的庞大专业买家数据库，有针对性地邀请专业观众；②与各重点行业协会合作，包括中国连锁经营协会、中国烹饪协会等，组织大量的连锁和餐饮企业到会采购；③与津京地区各大调味品批发市场合作，如北京锦绣大地批发市场、新发地农产品有限公司、北京市岳各庄农副产品批发市场等，提供更为有效的专业观众保障；④一贯重视对展会的品牌宣传，长期与50余家专业媒体及70多家网站合作，定期发放观众邀请函，广泛吸引潜在观众的关注；⑤协助展商邀请专业买家、重点客户到会，并提供VIP观众注册通道；⑥展前充分调动地区大众媒体的力量，通过户外广告、电视台、电台、报纸、网站构筑立体宣传体系，为展会渲染造势。

通过以上6个方面工作的开展，此次展会共吸引来自全国各地调味品生产企业、调味品经销商、批发商、商场超市、餐饮企业的代表和来自德国、日本、韩国、马来西亚及新加坡等国家的代表共计5000多人。

四、博览会同期的配套活动也是开展得如火如荼，相信协会在这方面也花费了大量的精力？

协会与中国烹饪协会联合举办了“调味品产品创新与餐饮业结合应用研讨会”，与中国连锁经营协会共同举办了“调味品终端运作与进店洽谈及技巧讲座”，新增的“调味品营销专题讲座”和“经销商分销渠道运作研讨和技巧讲座”等更是为此次活动锦上添花。来自中国烹饪协会、中国连锁经营协会、中国人民大学以及全国知名商贸公司的专家、学者及实战家，他们就调味品产业发展、进店技巧、营销及经销商分销渠道等方面的问题展开了讨论与论证，并与与会者分享了他们的丰富学识和实践经验。

另外，博览会还设立大型连锁超市采购专区和调味品餐饮采购专区，组织企业进行一对一的合作洽谈，推动调味品生产企业与超市或餐饮企业之间的交流和实质性的合作；同期还召开全国经销商酒会、博览会晚宴、协助召开企业客户联谊会，发布调味品及相关产业的新产品、新技术、新工艺信息，增进企业与客户的沟通和交流，进行产品推广和项目转让。吸引了众多企业和个人踊跃报名参与。

五、在此次博览会上了解到，协会明年还继续在北京办展，具体安排如何？

应广大调味品企业及相关企业的要求，2006’中国国际调味品及食品配料博览会将于明年9月在北京召开。为了满足更多企业的参展需求，展位面积比去年扩大一倍。同时，组委会将汲取上届展会的成功经验，并对不足之处加以改进，采取多项新举措，力求提供更专业和周到的服务，打造调味品产业的唯一品牌展会。

同期将举办2006’中国调味品协会年会暨三届四次理事会会议、中国调味品协会经销商分会成立大会，全国调味品经销商联谊酒会，全国调味品生产技术学术交流会，新产品、新技术、新工艺信息发布会，餐饮、连锁超市及食品加工订货洽谈会，调味品市场营销人员培训讲座等系列配套活动。

此外，明年博览会更名为2006’中国国际调味品及食品配料博览会，食品配料参展比重增加；展位进行专业区划分，划分出食品配料专区、机械专区和调味品专区等。主办方提供的展商服务和观众服务将更加周到；专业观众数量和范围进一步扩大。

六、刚才您提到了全国调味品经销商分会，您能简单介绍一下吗？

调味品经销商是我国调味品市场非常重要的一方，对促进产品销售和繁荣调味品市场发挥着举足轻重的作用。近几年协会不断扩大工作范围，开始与经销商合作，为经销商服务，尤其是2005年博览会和协会推出的全国调味品十大杰出经销商，更加促进了双方的紧密合作。

通过与经销商的不断交流，了解到调味品经销商目前比较松散，存在信息不对称的现象，非常希望中国调味品协会能牵头成立全国性的组织来规范管理和提供服务。

目前经销商分会的报批工作已经开始，分会的机构建立、章程和工作细则正在筹备，已经召开过一次筹备会。所有工作明年完成，全国各地的调味品经销商精英将加入该组织，中国调味品协会经销商分会成立大会将于2006年博览会期间召开。

我们相信全国调味品经销商分会的成立对于促进调味品产销结合意义深远，同时将进一步保障2006’中国国际调味品博览会观众的质量和专业性。

七、卫会长，采访即将结束，您有什么要对广大调味品企业和相关企业说的吗？

中国国际调味品及食品配料博览会将作为中国调味品协会的品牌展会，每年举办一次。品牌的培育离不开业内人士的支持和参与，希望大家能一如既往地关注我们的博览会。同时我们也将不断成长，为行（产）业提供更好的服务。除此之外，协会不以任何形式参与任何其他有关调味品的展会，请大家注意。

A4 立足国内走向世界 行业盛会的高价值工作观[①]

随着生活水平的日益提高，调味品已成为百姓家中不可或缺的必需品。日前，记者就我国调味品的发展情况采访了中国调味品协会会长卫祥云先生。（卫：卫祥云；记：记者）

记：卫会长，请您先介绍一下我国调味品产业的发展现状。

卫：这几年，我们国家的调味品生产确实发展得比较快，市场也比较繁荣，主要是改革开放以后人民生活水平提高，不但要求吃饱，还要吃好。在这个基础上带动了调味品产业的发展，生产发展比较快、技术进步、结构调整、市场管理和产业管理都在逐步走向正轨。

在调味品生产量增长和结构调整比较快、花样品种比较多的情况下，同时也有部分地方和地区出现了一些假冒伪劣的现象。因此，国家在这几年也加强了这方面的监管力度，包括我们 2002 年发布的酿造酱油、配制酱油、酿造食醋、配制食醋、水解调味液的行业标准。这些都是行（产）业生产、技术、工艺的质量标准走向规范化的一个重要标志。可以说是管理越来越规范，产品质量从总体上来说是越来越好。

目前，调味品产业已呈三足鼎立之势：一是国有企业仍占据主渠道，已经形成了名牌优势和集团优势，主要代表有北京“金狮”“六必居”，

---

① 根据以下内容改写：李旻怡．“品”出中国味“调”出大市场：访中国调味品协会会长卫祥云[J]. 中国食品工业 .2002（5）：6；佚名．打造行业唯一品牌展会——2006’中国国际调味品及食品配料博览会再创辉煌[J]. 肉类研究，2006（3）：16-18.

广东“海天”，江苏“恒顺”等；二是中外合资企业以资金和品牌优势占据了一定的市场，且正在向高档化发展；三是一部分私营企业和乡镇企业正在崛起，大有后来者居上的趋势。

记：我国调味品生产有何特点呢？

卫：主要有以下几大特点：调味品在目前的食品行业中已成为一个新的增长点，总产量可以达到1000万吨，其中酱油500万吨、食醋200多万吨、复合调味料190多万吨、各种酱类80万吨，而其他酱腌菜等也达到了一定的数量，调味品市场已呈现出一个比较繁荣的局面。

近几年来，大家对调味品的关注，是因为它与我们的生活紧密相连。所以无论是新闻媒体，还是普通百姓，都给予调味品极大的关注。此外，它不仅在调味、家庭餐饮和食品行业加工等方面的发展比较快；同时，餐饮业的发展也带动了调味品的发展，使调味品成为一个新亮点。

调味品是我国对食品行（产）业管理的重点，国家技术监督局、卫生部、中国调味品协会及工商局等部门都加强了对调味品生产的管理，同时发布了关于调味品管理的通知。现在，无论是免检产品，还是群众喜爱的放心食品，行（产）业管理都已将其摆上一个重要的位置。

记：请您讲讲调味品的进出口情况。

卫：我们一般说的调味品都是东方调味品，以酱油为主，其次是食醋。酱油的出口可以说是保持了持续的增长，出口主要在东南亚和欧盟地区。

但是这些调味品毕竟是中国的传统产品，所以总体的出口比例并不大，尤其是现在一些复合调味料，反而都是从国外进口的。在出口方面，调整步伐比较快，特别是那些高质量的产品。例如，我们对欧盟出口的调味料，一方面是与国际相关联的产品；另一方面是具有中国特色的调味品，尤其是酱油的出口，在欧洲市场的占有量还是非常大的。但是由于欧盟要求的技术条件、卫生质量及产品标准均比较高，所以也会受到一定的影响。

从美国市场考虑，东方调味品将呈继续增长的势头，但市场不会太大。全美人口只有2亿多，华人所占的比例相当有限，而出口产品主要是提供给当地华人，且日本、中国台湾和中国香港等国家和地区的调味品所占市场也不会轻易让出，中国大陆（内地）的调味品所占市场也不会轻易让出，中国大陆（内地）的调味品要大规模进入美国市场，其代价和难度是可想而知的。因此，中国的调味品生产企业要打开国际市场，还有许多工作要做，但切不可舍本逐末，盲目宣传调味品向西方出口的前景和效益，而忽略了开发本国调味品的大市场。

记：调味品的发展在国内外有何不同？

卫：应该说，我国既是调味品的生产大国，同时也是消费大国。举个例子说，我国酱油的年产量达到500万吨，而日本仅有100多万吨，但是日本的人口要比我们少得多，人均消费也比我们要高1倍多。

现在，酱油仍主要用于中餐，西餐中并不常用，所以调味品的销售在国内和国外是不同的。东南亚使用酿造的调味品比较多，而西方吃的主要是一些洋葱粉、芥子粉、香辛料、橄榄油等，虽然这一部分的调味料我们也在逐步发展，但比较而言，我们的传统调味品消费量仍比较大，如酱油和醋。从目前的情况来看，传统调味品在全球发展很快，如日本的工业化程度就走在我国的前边，所以我们千万不可随便放弃优良的传统工艺和优质的传统调味品。

记：我国调味品产业发展及潜力如何呢？

卫：第一，我认为我们的传统产品发展重点应放在提高质量、调整结构、改进工艺，以及增加它的技术含量，同时改善它的口味。这类产品无论是酱油，还是食醋，以及腐乳，都是中国特色产品。虽然新的产品层出不穷，但这些产品始终不会被其他产品所取代。

以酱油为例，市场已经基本饱和，在量上已经没有问题；而高档酱油制品便是一个创利润较多的点，今后应该有更大的发展，市场竞争也将十分激烈。目前看来，酱油调整结构的任务还很重。我们现在吃的酱油占 80% 左右还不是高档酱油，与日本相比，他们的消费水平远远高于我国，人均占有量高我们 1 倍，质量也比我们的好；所以说，我们的传统酱油存在质量需提升的问题。

此外，我国酱油的消费也需要正确引导。发展中国家农村的消费水平还很低，有些老百姓认为颜色深就是好酱油，而且总是图便宜，这便是消费上的误区，必须有一个正确的消费观念作引导，这方面的问题主要通过调整结构来解决。

第二，对于新型调味品，可以说其存在方兴未艾的一个发展趋势。比如鸡精，过去大家都不太认可这样一种产品，现在我们看到，鸡精的口感比较醇厚，既有味精的鲜味，又有鸡肉的香味，无论是调味、冲汤或是炒菜，都是非常合适的调料，所以它将成为复合调味料中发展快速的一大类产品。

第三，食品行（产）业的发展也需要改进口味。比如过去我们吃饼干都是甜的，一提糕点就是用糖，现在不是了，可将酱油粉加到饼干、糕点、小食品里面，因为现在老百姓的口味变了，他们要买咸面包、吃葱油饼干、海鲜小食品，而这些产品没有酱油、没有调味品是做不好的，所以这种复合口味的发展也越来越快。包括像麦当劳食品、方便面里的一些粉状调料、调味包等，这些产品的市场也比较大，并需要规范。比如调味包，就是一种综合性的东西，里面有很高的科技含量：一是粉状的物质，怎么样去保持它的风味；另外油包怎样做到有酱色、酱味，且又不腻。没有这些风味剂，调味包是调制不出来的。

记：请谈一下您对协会工作的想法。

卫：有些人把协会理解为行使政府部门部分管理职能的“二政府”，这完全是一种错误的观念。无论从政策法规看，还是从协会本身的定位看，协会都不应该是“二政府”，其职能也不能理解为政府部门部分管理职能的移交，而应该是“行业协调，咨询服务，指导生产，引导消费”，这个观点我也曾在新华网上发表过。

作为一个独立的法人主体，行业协会应该独立工作，充分发挥政府与企业间的桥梁纽带作用，为行（产）业服务，为企业服务。应该说，随着国家的体制改革，协会的作用越来越强，很多国家机关无法涉及的，就由协会来牵头。

中国调味品协会是由全国酱油、食醋、酱类、酱腌菜、腐乳、熟调酒和各种调味料生产经营及相关企业、事业单位组成，业务上归属国家经济贸易委员会指导。协会不仅要作为政府和企业的桥梁，还要在沟通国内外市场、促进企业交流方面发挥作用。

比如在 1999 年，欧盟曾经宣称我国的酱油产品中某些成分超标，进而要封杀我国的酱油产品。对此，中国调味品协会积极行动，通过调查发现，有些产品是假冒的，有个别产品不符合欧盟的要求。所以在这种情况下，我们就积极制定了有关行业的标准，充分与国际接轨（当然要排除贸易壁垒），这样通过解释沟通，并通过组织大中型酱油企业对外展示产品等做法，成功阻止了欧盟的封杀，且出口量还在增加。

此外，我们也组织了一些国际性的展览会，通过这些活动来促进国内企业与国外的合资与合作。像日本的龟甲万已经在昆山建了厂，我们的企业也在走出去，到美国建立了酱油厂；通过研讨交流会，提高了国内行（产）业的整体水平，同时也促成了一些合作项目。此外，我们还要树立一些好的品牌典型，来引导消费者。

鉴于我国调味品产业的发展现状和趋势，为了引导中国调味品生产和销售向健康的方向发展，不断提高调味品产业的生产技术水平，协会将进一步加强产业管理工作，以促进中国的调味品产业立足国内，面向亚洲，走向世界。

记：协会举办的2005年中国国际调味品博览会入选了2005中国食品展会“TOP 20强”之列，调味品博览会显然已经得到了广大企业的认可。

卫：是的，入选2005中国食品展会“TOP 20强”是对协会工作的肯定和支持，也是一种鞭策和提醒。中国调味品协会针对目前调味品展会市场混乱，商业运作不规范的现状，以“促进产业资源整合、提升企业品牌形象”为宗旨，与国内外相关行业协会和知名企业广泛合作，努力打造业内唯一的品牌展会，为调味品生产企业和批发、零售等上下游企业搭建宣传品牌、展示新品、投资洽谈、相互交流的平台。举办调味品博览会，今年进了20强，期待通过协会和广大调味品企业的共同努力，将展会越办越好，越办越大，再从20强进到10强，这实际上给我们提出了一个更清楚而具体的努力目标，为此协会将不断创新和改进工作方式方法，努力做好展会的各方面筹备与服务工作，回报广大参展企业。

记：今年3月中旬的博览会新闻发布会我有幸参加，我记得您当时提到了本届博览会的一些新的服务突破。属于服务业的展会业，其服务质量必定是评定一个展会优秀与否的重要标志，这些新的服务具体体现在哪些方面？

卫：根据上届博览会的展后总结和对展商、观众的回访情况统计，今年的博览会将在7个方面实现较大突破。①在规模上，将“中国国际调味品博览会”更名为“中国国际调味品及食品配料博览会”，增加食品配料企业参展比重，更方便业内的企业进行商贸洽谈。②在选址上，场馆选在交通更加便利、设施更加专业、知名度更高的北京展览馆；展位面积增加一倍，展位进行专业区域划分，方便各类展商和观众参展并进行商贸合作洽谈。③在后勤上，针对去年参展商和观众对展台搭建、运输装卸、安全管理和场馆卫生等多个方面提出的改进意见，主办方在前期工作中就已将其放在重要的位置，做好了充分准备。④在宣传上，一贯重视对展会的品牌宣传，与50余家专业媒体及70多家网站保持长期友好合作关系。⑤在观众上，将从多个方面来确保此次博览会的观众质量：利用协会10年来积累的庞大专业买家数据库，有针对性地邀请专业观众；与各重点行业协会合作，包括中国连锁经营协会、中国烹饪协会等，组织大量的连锁和餐饮企业到会采购；与津京地区各大调味品批发市场合作，提供更为有效的专业观众保障；定期发放观众邀请函，广泛吸引潜在观众的关注度；协助展商邀请专业买家、重点客户到会，并提供VIP观众注册通道等。⑥在配套活动上，同期举办调味品产业战略管理与企业家高峰论坛、调味品市场营销人员培训讲座，生产技术学术交流会、经销商分会成立大会、经销商联谊晚宴等配套活动。⑦在特别支持上，中国疾控中心食物强化办公室（FFO）将作为本次博览会特别支持单位，协办全国调味品生产技术学术交流会，并开设铁强化酱油专题讲座。届时全国的知名专家、学者将齐聚一堂，就调味品生产技术方面的热点问题进行探讨。

记：您提到了博览会同期准备的多项配套活动，能具体介绍一下吗？

卫：此届博览会继续秉承“促进产业资源整合，提升企业品牌形象”的办展宗旨，从参展企业与专业观众的实际需求出发，以专业服务意识为向导，为他们精心“烹饪”了丰盛的“大餐”：

战略管理与企业家高峰论坛：邀请知名战略理论专家及业内实战企业家上台演讲，其目的是增进我国调味品企业高层管理人员的交流，提升我国调味品企业家的战略管理水平，探索我国调味品产业发展的战略模式；

经销商分会成立大会：调味品经销商能够通过自己的行业组织与调味品生产企业展开面对面接触，共谋多层次合作，为他们开拓市场，努力与这些企业的营销实现紧密对接，与调味品生产企业实现共谋双赢。

市场营销讲座：“培养调味品产业营销精英，提升产业整体营销水平”，将与具备丰富专业培训经验的《中外管理》杂志社强强联合，广邀业内知名专家学者及营销精英，在博览会期间为调味品市场营销人员提供高端“充电”良机。

生产技术交流会：国内外从事调味品及相关产业的生产技术人员与

科研专家学者共聚一堂，围绕推动我国调味品产业的科技进步，加快调味品企业的技术改造，活跃调味品产业的学术交流，探索和研究我国调味品生产技术前沿和热点问题，进行交流与沟通。

专业参观团队："高质量的专业观众，一对一的贴身服务"，将组织业内知名经销商及超市采购负责人在博览会期间进行巡场，为企业搭建"零距离、低成本、低风险、高效率"的商贸洽谈平台，实现供求双方直接沟通与交流。

博览会同期还举办经销商联谊晚宴，发布调味品产业及相关产业的新产品、新技术、新工艺信息，组织企业讲座和市场推广等活动。

记：协会在今年有一个很大的动作，就是牵头组织筹备成立经销商分会，目前成立大会即将召开，各项工作的落实情况如何呢？

卫：协会本着服务经销商、规范调味品市场经营的原则，发起成立经销商分会组织，从开始就获得了上级有关部门的大力支持和经销商发起单位的积极响应。继 1 月 11 日第一次筹备会议确定了经销商分会的部分会长和副会长单位的候选人，讨论了经销商分会的业务范围、经销商分会入会程序、经销商分会的入会资格与条件之后，协会又及时将《关于成立中国调味品协会经销商分会的请示报告》上报国家有关部门，先后获得了国资委和民政部的正式批复。此外，经销商分会的筹建、宣传和会员吸收工作，在经销商分会发起单位和调味品生产企业的大力支持和帮助下，一直在有条不紊、卓有成效地开展。7 月 18 日，我们又召开了第二次筹备会议，共同确定了经销商分会的领导机构。博览会举行的 9 月 26 日，经销商分会将召开隆重的成立大会，届时将会有全国各地的近 2000 家经销商企业到会，共同庆祝自己产业组织的诞生。

记：在7月份的经销商分会成立大会新闻发布会上，协会与经销商企业共同提出了“倡导诚信经营理念，营造公平竞争环境”的共同宣言，经销商分会成立之后将如何将这一理念贯彻到下一步的具体工作之中呢？

卫：成立后的经销商分会将严格按照分会规定的业务范围和工作职责开展工作，在对产业情况充分调研的基础上，确定工作进度，逐步开展和推进分会工作。近期，先从信息服务、产业培训、产业交流和产业调研方面入手，为经销商提供专业服务。信息方面：创办《调味品经销》，为调味品经销企业的管理人员和业务员提供全方位的市场信息和产业信息，并为调味品企业和经销商提供互动的平台，实现产销对接。通过中国调味品网的经销商版块提供实时信息和交流。培训方面：针对调味品经销领域管理水平和知识结构的差距，开展系列培训，包括针对管理人员的经营管理和发展战略等的培训，及针对业务员的销售技巧、渠道开拓、客情关系管理等实际操作方面的培训。提高产业整体素质，促进产业健康发展。交流方面：开展系列活动和论坛，为业内人士提供经验交流、研究探讨和信息共享的平台。同时组织业内人士参观考察，了解国内外市场信息，开阔眼界。调研方面：开展对调味品经销领域的基础调查，包括市场容量、经销商数量和布局、分销政策等，掌握产业基本情况，为产业管理和相关企业提供第一手信息。

记：协会还推出了业内的诚信经销商评选活动？

卫：诚信经销商评选活动是为促进我国调味品产业的产销结合，在调味品产业内树立诚信经销商形象，表彰产业内优秀经销商。由协会经销商分会领导成员和调味品业内品牌企业营销负责人组成的评选委员会根据参评经销商的申报材料，遵循公平、公开、公正的评选原则进行评选，共有17家调味品专业经销商获此殊荣，它们将在经销商分会成立大会上受到现场表彰。

记：近年来，西式调味品正在进入中国，这次博览会上它们有什么表现？

卫：本次博览会参展企业类型丰富，涵括调味品产品9大类（酱油、食醋、酱、酱腌菜、腐乳、料酒、香辛料、复合调味品、味精）及相关企业（食品机械设备及包装材料、各类食品配料与添加剂）。同时各类西餐调味品，如番茄酱、沙拉酱、蛋黄酱、橄榄油、西餐渍菜等，也都将在此次博览会上有所展示。中国调味品协会还接受了奥组委的委托，将牵头奥运会调味品供应商的选择和产品标准的制定工作。同时考虑到奥运会期间对西餐的需求较大，为了保证供应，中国调味品协会将在全国发展西餐调味品供应商的基础上，开拓国际合作的渠道，吸引更多优秀的国外西餐调味品生产企业加入并与其建立联系。

记：今年博览会上推出了产品奖——金、银、铜奖的展示区和新品展示的专区，新品的标准是什么呢？

卫：博览会推出的新品展示活动，展示的新产品主要为2006年以来调味品业内最新的研发成果，范围包括酱油、食醋、酱、酱腌菜、腐乳、料酒、香辛料、复合调味品、味精9大调味品类别和各类应用于调味品生产的食品添加剂和配料等。比起国外调味品生产厂家，国内调味品产业的技术研发投入的规模还差得不少，中国调味品协会虽然每年都会组织“新产品、新技术、新成果”的“三新”奖评选活动，但以一个集中展示的形式将整个年度的新产品及技术成果汇总还没有过。本次在博览会期间设立2006年新产品展示专区，结合届时举行的全国调味品产业生产技术学术交流会，其目的是引导业内各界人士共同关注调味品产业最新的产品和技术研发动向，共同探寻调味品产业技术研发的最新发展方向，以促进中国调味品产业整体的健康良性发展。中国调味品协会作为产业的组织者与管理者，有责任有义务向生产厂家、商家和消费者展示国内、国际最新调味品新品和生产技术前沿的成果，同时这种设立专区的方式也有利于调味品产业的专业经销商发现具备市场潜力的产品，凭借它们开拓市场的能力帮助生产厂家打开市场，促进新品市场销售和渠道拓展，从而缩短从生产技术转化为产品效益的时间。

记：参展商和经销商在本次博览会上有什么比较不错的新举措?

卫：作为本次调味品产业盛会赞助企业的北京王致和食品集团有限公司，在此次博览会上不仅将加大投入以展示集团公司及产品的形象，还决定在博览会同期举办集团公司的全国经销商大会。王致和集团决定将自己的全国经销商大会安排在此次博览会期间，是想借助这一调味品产业国际国内的知名生产厂家、经销商、专家学者、媒体共聚京城的机会，向自己的经销商展示集团公司的形象，增强它们的信心，同时也为自己的经销商提供了解调味品整体市场信息、同业竞况，以及参加博览会提供的各项配套活动，为经销商们提供同行学习交流提高的机会。

而经销企业也很会捕捉博览会闪现的商机，比如北京佘氏福翔商贸有限公司，作为华北地区大型调味品专业经销企业，将借助这一调味品产业品牌大汇聚的机会，同期召开订货洽谈会，届时将有来自北京、河北、内蒙古、天津等华北地区的调味品生产厂家和二批商超过500家企业共聚京城，参加此次订货会，并观摩调味品博览会，参加各项调味品市场相关配套活动。

记：与去年的博览会相比，今年的博览会除了调味品生产企业参展外，主办方还特别为调味品机械设备、包装容器与食品配料企业参展划分了区域，为它们提供了与调味品市场近距离接触的机会，本次博览会这些企业肯定将会给博览会添加不少色彩。

卫：协会充分考虑调味品生产企业的需求，设立专区，以集中展示的方式将调味品生产所涉及的机械、包装、容器设备及材料企业推出，引领市场潮流，为生产企业和设备企业的“对接”搭建方便快捷的商贸平台。

无论是酱油、食醋等液态调味品酿造环节中制曲、混料、发酵、压榨、过滤，生产线上的输送系统、阀门和泵，还是味精和复合调味料成品阶段的干燥、灭菌、粉碎、结晶、造粒，以及调味品包装所需的封装、灌装、贴标、打包等，调味品生产工艺中所涉及的机械设备与材料，都能在博览会现场一览而尽。

记：目前会展业的知识产权保护问题已经越来越受到参展企业和主办方的重视，协会参加过“蓝天会展行动”——2006 展会知识产权保护年度专项行动的“守法诚信经营，保护知识产权”承诺书签名活动，在博览会上会有哪些新的举措?

卫：作为 2006 年中国国际调味品及食品配料博览会的主办方，中国调味品协会一直以“打造产业唯一品牌展会”为办展目标。知识产权保护作为净化展会市场、营造良好竞争环境的有力措施，中国调味品协会将以此为契机进一步提高展会管理水平，积极配合“蓝天会展行动”。博览会期间将设立专区宣传《展会知识产权保护办法》等法律规章；通过与参展单位签订展会保护知识产权责任合同等方式，落实知识产权保护责任制；及时报告展会期间涉嫌侵权现象，并对知识产权保护工作总结分析。

卫：中国调味品协会作为产业管理与服务者，筹办调味品博览会是以“促进产业资源整合，提升企业品牌形象”为宗旨的，全心全意为调味品企业提供了一个宣传品牌、展示形象、商贸洽谈、学习交流的综合平台，同时也为调味品生产企业与批发商、零售商建立联系和进行贸易洽谈提供机会。作为调味品产业的一次盛会，每一家企业，每一个观众，都可以方便快捷而且是富有成效地在博览会上找到我们为其提供的各种实实在在的，具有可以度量的价值回报“点”。

在这里，我向广大调味品生产及相关企业、关心调味品产业发展的各界人士发出最诚挚的邀请，欢迎参加观摩 2006 年中国国际调味品及食品配料博览会，期待着 9 月 25 日至 27 日在北京展览馆与您相会！

A5　市场与政策协同助力调味品产业创新发展①

长期以来，食品安全问题困扰着中国的食品行（产）业，并成为消费者关注的焦点。而在调味品产业，“化学火锅底料”“一滴香”“牛肉膏”“工业盐水酱油”等事件也让消费者对调味品的安全生产产生了怀疑，调味品安全问题是否真的如洪水猛兽？就目前中国调味品的整体发

① 根据以下内容改写：牛牧．以改革的思路审视中国调味品行业的发展 [J]．中国食品工业，2012（6）：28-29。

展，调味品企业未来的发展之路应当如何从改革创新的角度去思考和抉择？时值中国调味品协会常务副会长兼理事会总干事卫祥云的新书《改革的逻辑》发表，本刊记者借此对卫会长进行了采访，从一个全新的角度审视中国调味品产业的发展。

一、调味品和食品添加剂不是一回事

记者：这一段时间，很多消费者将调味品与食品添加剂混为一谈，请问食品添加剂和调味品是一种东西吗？两者到底有何区别？

卫祥云：食品添加剂和调味品是两类完全不同的产品。简单来讲，调味品是供终端食用的产品，当然一些调味品在食品的生产中使用，如酱油在膨化食品中得到广泛应用，而食品添加剂只能是用于食品加工工业的，不能直接用于家庭厨房和餐饮行业。

由中国调味品协会起草的《调味品分类》国家标准（GB/T20903—2007）中对调味品的定义为：在饮食、烹饪和食品加工中广泛应用的，用于调和味道并具有去腥、除膻、解腻、增香、增鲜等作用的产品。调味品按照终端产品进行分类，共有 17 大类的产品，包括：食用盐、食糖、酱油、食醋、味精、芝麻油、酱类、豆豉、腐乳、鱼露、蚝油、虾油、橄榄油、调味料酒、香辛料和香辛料调味品、复合调味料和火锅调料。而《食品添加剂使用卫生标准（GB2760—2007）》中对食品添加剂的定义是：指用于改善食品品质、延长食品保存期、便于食品加工和增加食品营养成分的一类化学合成或天然物质。食品添加剂视为改善食品色、香、味等品质，以及为防腐和加工工艺的需要而加入食品中的化合物质或者天然物质。二者在定义、功能、分类等方面是存在很大区别的，只有分清类别，才能进一步来谈产业管理工作。

二、食品安全根源在于社会问题

记者：从“苏丹红”到“三聚氰胺”再到“瘦肉精”事件，食品安全事件层出不穷，您认为是什么原因导致食品安全事件频发呢？

卫祥云：目前中国食品安全问题及其乱象的存在，绝不是食品行（产）业特有和独有的现象，也不是食品法规和标准的执行问题，更不是依靠加强政府监管就能解决的或彻底解决的。这种乱象的具体表现为：有法不依、执法不严、知法犯法等，其背后则存在着深刻的社会原因。

“社会诚信的缺失”是产生这种乱象的基础。而我国现实生活中存在的种种不公平、不公正和不公开的“规则”和“潜规则”是造成社会诚信缺失的直接诱因。

此外，食品安全问题的频发与行政管理与行（产）业管理的定位不准也有相当大的关系。目前，食品生产销售中存在的有法不依、执法不严、管理混乱和管理失控的现象时有发生；恶性案件屡禁不止，在人民群众中造成了极坏影响。这与食品业的行政管理和行（产）业管理在理论上概念不清不无关系，由此导致在食品行（产）业的管理上不能对症下药。行政管理属于具有强制性的工作，而行（产）业管理属于引导性的工作，二者缺一不可，具有不同的职能和定位。行政管理工作不力，部门之间分工不明确，会直接导致调味品生产的安全管理职责不清、相互推诿，有法难依和查处不严等问题，会给食品的生产和销售埋下隐患。严重的会影响食品行（产）业的健康发展，给消费者带来危害。而行（产）业管理工作不到位，会使食品的生产缺乏明确的发展目标和引导方向，直接影响到食品行（产）业的技术进步和新产品开发。不仅影响了食品企业的核心竞争力，甚至使行（产）业处于萎缩状态，难以适应广大消费者日益增长的消费需求和食品工行（产）业快速发展的需要。

记者：针对目前食品安全的形势，您有哪些建设性意见呢？

卫祥云：社会上“不公平、不公正和不公开”的规则和“潜规则”造成社会诚信缺失，诚信问题又导致食品安全事件频发。要从根本上解决我国的食品安全问题，诚然要靠食品行（产）业的科技进步，要靠食品行（产）业大批的专门人才，要靠企业和企业家的共同努力，要靠行（产）业中介组织的优质服务，要靠政府制定更加公平、公正和公开的政策，但更要靠良好的社会经济制度和政治体制作保障。

另外，只有对食品行（产）业的行政管理做进一步的研究，切实落实食品行政管理部门的职能，坚决取消政府管理部门食品行政管理的交叉职能，把食品业的行（产）业管理工作完全交给行业协会，才能从根本上做到“该管的管好，该放的放开”，使我国食品行（产）业的管理逐步与国际接轨。

三、调味品产业步入发展新纪元

记者：调味品产业与百姓的日常生活息息相关，从当前调味品产业的发展而言，您如何看待调味品产业的未来走向？

卫祥云：目前，调味品产销量逐步上升，产品结构调整加快，调味品花色品种不断丰富，市场空前繁荣。调味品产业规模化、品牌化工作大步跃进，2010 年统计数据显示，58 家百强企业调味品的总产量达到 500 万吨以上，销售总额达到 280 亿元以上。其中销售额在 1 亿元以上的企业超过50家，10亿元以上的企业达到5家，这是我国调味品产业一个很大的突破。

调味品生产工艺技术不断改进，设备升级换代加快，来自德国、美国、日本、欧洲等不同国家和地区的先进工艺都在我国“开花结果”。质量管理和标准化工作加强，调味品产业由过去在食品行（产）业的“排不上队”“找不到位置”，到现在引起国务院等有关部门的高度重视，比如国家第一批实施市场准入的产品就包括调味品。

过去我们讲“吃饱”就行；现在我们讲“小康”，不但要“吃饱”，更要“吃好”。在这种消费趋势的带动下，我们的食品行（产）业得到了迅猛发展。与此同时，调味品逐渐成为食品行（产）业增长和城乡居民消费的新亮点，地位也越来越重要。首先，调味品已经成为我国餐饮业繁荣发展和提高品质与档次的必备品。许多品牌饭店、酒店和招牌菜都离不开独具特色的调味品。可以说，调味品赋予菜肴“色、香、味”的作用在消费者的心目中占据越来越重要的位置。调味品正在成为餐饮业市场的“杀手锏”。

其次，调味品成为引发“厨房革命”和“方便食品”升级换代的主要元素。我国城乡居民的厨房消费过去主要是米、面、油及其制品，现在随着生活水平的提高，肉类、水产品和蔬菜的比重有了提高。而各种主食和菜肴的花样翻新，主要体现在调味品的选用和使用上。火候和刀功固然重要，但家庭消费则是口味第一，甚至可以说口味是补充营养和能量的前提。如果营养食品、功能食品的味道不佳，就不会赢得广大消费者的认同和喜爱。

最后，当前调味品在食品加工中的作用越来越明显，成为食品行

（产）业发展的重要原辅料。很多调味品既是终端的消费品，也是食品加工的主要原辅料，具有中间产品和食品添加剂的功能。比如香辛料，作为最终调味品的作用比较有限，功能相对单一；而作为中间原料，其使用范围就扩展了许多。同时调味品与鲜味工业的融合，以及与快餐行业的结合，不仅为消费者提供了变化无穷的美味佳肴，而且大大提高了产品本身的附加值。

记者：如今，各行各业都在提倡并强调改革和创新，对此您如何看待？

卫祥云：之前我讲了很多，都是围绕调味品产业的发展来谈的。其实，我始终认为无论是个人的发展、企业的发展还是产业的发展，都折射和印证着社会的发展，很多规律都是相通的，甚至可以是拿来套用的。

改革开放 40 多年以来，国人思想认识的改变、物质生活和精神生活的日益丰富，以及人民生活品质的不断提高，相信每一位中国人都是有目共睹的。但是，如果要我们细谈改革的逻辑，细谈中国政治体制改革的理论框架之于中国经济体制改革阶段性战略决策的任何一个细节之处的要义，普通人恐怕都会一时语塞吧。在我的新书《改革的逻辑》中，我试图让普通人也能在如此专业的经济学论著中，找到一个适合自己阅读和切入自我思考的契合点。以我自己的方式关注宏观经济、社会发展和国有企业改革，将我的所见所闻所思所想都付诸国家政策以及宏观经济的研究——包括房产税、股市、国企改革、农村经济发展和行业协会等方面的现实问题。

我不是经济学者，更不是政治学者。我只是一个关注宏观经济、社会发展改革和国有企业改革，并勇于说实话、敢于说真话的经济学人，敢于将自己的研究结果和独立见解昭示于众，以供政府决策者和感兴趣的读者探讨和批判。我相信，我的努力一定会有回报。不只是对自己，还有社会和民众。我希望我的新书能给关心行（产）业改革，关注中国经济的人们些许启示和思考。

A6 关注食品安全 深挖市场需求 共筑调味生活新纪元①

主持人：俗话说，开门7件事，柴米油盐酱醋茶，这些都是我们老百姓特别关心的事情，那么这7件事，在百姓生活中所占比重的情况是怎样的？

卫祥云：应该说，中国调味品协会所分管的调味品在人们生活必需品中占有很大的比重，我们国家1995年成立中国调味品协会以后，调味品的规范化管理日益提上重要议事日程，随着我们人民生活水平的提高，改革开放以来，我国食品行（产）业获得了很大的发展，尤其是调味品成为食品行（产）业增长的亮点，可以说为我们老百姓的生活增添了更多的色彩。因为我们国家的调味品既包括传统的调味品，也包括根据消费者需要开发的现代的调味品，还包括食品行（产）业的原料，所以说中国的调味品已不是过去的简简单单的调味品——酱油、醋。

调味品的发展应该成为一个新的增长亮点，原因有3个方面。第一

① 根据以下内容改写：中国质量新闻网.《中国质量直播间》系列访谈：调味品与百姓生活[EB/OL].[2014-06-16]（2021-01-02）. http://www.cqn.com.cn/video/zjlb/658.html。

个方面就是我们国家每年有将近20000亿元的餐饮业的产值，比如，调味品在五星级饭店销售额中的比重占到10%，也就是说，你到高级餐厅里面吃10元钱就有1元钱给了调味品，在其他饭店也能占到3%～5%的比例。第二个方面就是我们改革开放以来，随着生活水平的提高，生活节奏的加快，引起了或者说是带动了调味品的发展。第三个方面就是我们国家食品行（产）业的发展，调味品是作为新原料出现的，所以占有很大比重。比如说，过去我们吃甜的比较多，送礼就是月饼、糖果、糕点，现在我们很多的饼干、很多的食品不是甜的，加盐也不行，对身体不好，所以要加酱油粉或其他复合调味料，带动了调味品在食品行（产）业的发展。应该说，调味品在食品行（产）业所占的比重日益提高，比重提高以后，食品安全的问题显得越来越重要，调味品的好坏直接关系食品行（产）业的安全。

主持人：您对目前国内频频发生的食品安全事件是如何看待的？解决这些问题的根本之道是什么？

卫祥云：首先，这与行政管理和行（产）业管理的定位不准有着相当大的关系。而一些不法商人为打击竞争对手，拿所谓食品安全问题进行炒作的行为（如“勾兑醋”），也要从改革监管体制角度予以规范引导。不能顺应这些不法商人的狭隘思维，使得我们的舆论和媒体被牵着鼻子走，否则不仅造成政府食品安全工作的被动，更影响行（产）业发展及消费者对食品行（产）业安全的信心。

其次，社会上“不公平、不公正和不公开”的规则和“潜规则”造成社会诚信缺失，诚信问题导致食品安全事件频发，也引起了政府和社会的高度关注。要从根本上解决我国的食品安全问题，诚然要靠食品行

（产）业的科技进步，要靠食品行（产）业大批的专业人才，要靠企业的共同努力，要靠行（产）业中介组织的优质服务，要靠政府制定更加公平、公正和公开的政策，但更要靠良好的社会经济制度和政治体制。

主持人：我国是食品生产大国，也是食品消费大国，特别是老百姓喜爱的很多调味品，比如酱油、醋、香油等，在全国各地的情况也不太一样，下面我们请卫会长为我们介绍一下，老百姓如何选购这些商品。

卫祥云：各种调味品产品有不同的特点，需要专家按照我们有关的质量标准去评价。因为调味品在食品行（产）业里可以说是种类最多的一个领域，每个地方都有一些有特色的调味品。消费者如何在琳琅满目的调味品面前选购自己需要的调味品呢？从消费者本身来讲，一个是看品牌，第二是看商标，第三就是选择企业，坚决不要购买没有商标，没有生产地址，没有品牌的“三无产品”。

主持人：行业协会是中介组织，协会在2011年服务调味品产业方面做了哪些工作？

卫祥云：我们主要是为调味品企业和相关企业，包括上下游企业、调味品生产设备制造企业、原辅料生产企业、调味品销售企业提供服务和指导。

第一，制定中国酱油、食醋包括各种原辅料的行业标准，配合卫生相关部门制定调味品产业国家安全标准。第二，向有关部门反映调味品生产、销售、管理中存在的一些问题，包括税收、产业政策等。第三，搞好相关培训，如食品安全培训等。第四，做好调味品产业的信息传播和国际交流工作。

附录 B
调味品品类及品牌梳理

目前，调味品各大细分产业均取得了长足发展，涌现出众多家喻户晓的品牌，品类逐渐丰富，为消费者提供了各式各样方便、美味的产品。为此，中国调味品协会梳理出调味品各细分产业的发展成果和代表性企业与品牌，供大家了解。

01 食用盐

食用盐是以氯化钠为主要成分，用于烹调、调味、腌制的盐。食用盐按资源可分为：海盐、湖盐、井矿盐、岩盐。沿海地区盛产海盐，主要分布在山东、天津、河北、江苏、辽宁等省市；湖盐主要集中在新疆、青海和内蒙古；井矿盐广泛分布在内陆地区。食用盐主要分两大类：一是消费者直接食用的小包装品种，如精制食用盐、低钠盐、雪花盐、南海海盐、天山湖盐、竹盐、低钠盐、腌制盐、泡菜盐等。二是食品加工用盐，一般为 25kg 以上的大包装，作为酱油、醋等调味品的加工原料及各类食品的生产配料。食用盐的主要品牌有中国盐业、江西盐业（江盐集团）、大连新春多品种盐（美康达/橘子树）、雪天盐业（雪天）、天津长芦海晶、重庆晶心、四川久大、江苏淮盐、广东粤盐、江苏银宝盐业（银宝）、浙江盐业（雪涛）、福建盐业（闽盐）、重庆索特（索特）、益盐堂、南京甘汁园（甘汁园）、贵州盐业（碧源）、内蒙古雅布赖（雅布赖）、大连盐化（海湾）等。

02 食 糖

食糖是用于调味的糖，一般指用甘蔗或甜菜精制的白砂糖或绵白糖，也包括淀粉糖浆、饴糖、葡萄糖、乳糖等。

史前人类从鲜果、蜂蜜、植物中摄取甜味成分，后发展为从谷物中制取饴糖，继而发展为从甘蔗和甜菜中制糖等。制糖历史大致经历了早期制糖、手工业制糖和机械化制糖 3 个阶段。甘蔗制糖业主要分布在广东、广西、云南、福建、海南、四川等地。甜菜制糖业集中在黑龙江、内蒙古、吉林、新疆等地。甘蔗糖与甜菜糖的产量之比约为 4∶1。发展至今，中国已成为世界上制糖大国之一。

截至 2020 年 12 月底，全国已累计产糖 353.38 万吨（上制糖期同期产糖 379.70 万吨）。本制糖期全国累计销售食糖 147.06 万吨（上制糖期同期销售食糖 197.81 万吨），累计销糖率为 41.62%（上制糖期同期为 52.10%）。

食糖主要成分为蔗糖，按照主要加工工艺、品质及风味分为白砂糖类（白砂糖、精幼砂糖）、赤砂糖、绵白糖、原糖、方糖、红糖、冰片糖、冰糖类（单晶体冰糖、多晶体冰糖）、其他糖类等。

食糖的主要品牌有保龄宝、中粮、莲花、太古、双荣、左江、红光、丹宝利、白莲牌、珠江桥牌、玉华堂、清净园、南宁糖业（明阳、古府）、安徽竞赛 食品（竞赛）、石家庄中兴糖业（中奥）、南京甘汁园糖业、广西糖业（防港、涌泉）、山东东都食品（东都食品）、川崎、广西东亚糖业（蜜朋）、山蜜、蜂泉、网山、东星、大明山、木棉花、四方牌、云牌、银花牌、壶城等。

03 酱 油

酱油是以大豆和 / 或脱脂大豆、小麦和 / 或小麦粉和 / 或麦麸为主要原料，经微生物发酵制成的具有特殊“色、香、味、体”的液体调味品。

先有酱，后有的酱油。我国制酱的历史源远流长，被广泛地应用于佐餐或烹调。早在东汉、北魏、宋朝等古籍中即有记载，宋代正式出现了“酱油”的说法。中国人发明了酱油及酿造技术，之后传入日本，并逐渐扩大到东南亚和世界各地。近代，随着科学技术的进步，酱油细分产业不断进行创新，既保证了质量安全又创新了口味。酱油按发酵工艺分为两类：高盐稀态发酵酱油（含固稀发酵酱油）、低盐固态发酵酱油；按国家标准《酿造酱油》，酱油质量等级分为四类：特级、一级、二级、三级。

近年来酱油细分产业快速发展，涌现出多家龙头企业或上市公司。2019 年百强企业统计数据显示：酱油品类入围企业集中度高，产量、收入持续增长；百强入围企业有 33 家，收入合计达 280 亿元，前五大企业收入占比为 80%；产量合计达 520 万吨，前五大企业产量占比为 80%。

为满足消费者差异化的需求，酱油企业开发了多种新产品：生抽、老抽、减盐酱油、味极鲜、金标生抽、蒸鱼豉油、草菇老抽、红烧酱油、面条鲜酱油、凉拌酱油、火锅酱油、烧菜酱油、寿司酱油、铁强化酱油、海鲜酱油等。

酱油的主要品牌有海天、美味鲜、欣和、李锦记、东古、卡夫亨氏、加加、千禾、味莼园、中坝、统万珍级、老才臣、六必居、恒顺、正阳河、致美斋、五味和、老恒和、郑友和、灯塔、三和四美、味美思、利民、北康、淘化大同、金钟、佐餐王、太太乐、土老憨、槐茂、永益、鼎丰、益海嘉里、天味、古龙、笑厨、亨氏（味事达）、至味、玉兔、德馨斋、仙鹤、巧媳妇、雀巢美极、广味源、龙牌、朱老六、新希望（大王）、拓东、胡玉美、食圣、宝鼎（宝鼎天鱼）、富氏等。知名的大单品有加加的面条鲜、李锦记的薄盐醇味鲜、李锦记天成一味特级鲜、海天金标生抽、海天味极鲜、厨邦的原晒鲜、东古的一品鲜等，近两年的新品有海天的“即简裸酱油”、六月鲜的“轻盐”原汁酱油、千禾天元有机酱油、丸庄的黑豆酱油、好记的有机木桶酿造酱油等。

04 食 醋

食醋是指单独或混合使用各种含有淀粉、糖的物料，食用酒精，经微生物发酵酿制而成的液体酸性调味品。

食醋起源于周朝以前，《周礼》《论语·公冶长》等古籍中已有关于醋的记载，战国时代，醋又称作“醯”“苦酒”，《尚书·说命篇》《孔氏传》《急就篇》《隋书·酷吏传》《齐民要术》《吴地志》《广韵》等古籍中都有关于醋的描述。

我国幅员辽阔、环境气候差异显著。各地劳动人民在长期的酿醋生产中根据本地历史、地理、物产和生活习惯，创造了多种极具特色的制醋工艺，打造了众多不同风味的品牌，如镇江香醋、山西老陈醋、福建红曲醋、四川保宁麸醋、浙江玫瑰醋等。

2019年百强企业统计数据显示：食醋入围企业稳健增长，企业集中度较低；百强入围企业有37家，收入合计达65亿元，前五大企业收入占比为58%；产量合计达171万吨，前五大企业产量占比为55%。食醋细分产业具有如下特点：品牌集中度相对较低；产品的市场定位清晰、品种丰富，细分产品层出不穷；由于新零售、新餐饮、智慧餐饮的兴起，为食醋产品的通路和渠道带来了新的变革与挑战，也为业内的后起之秀提供了新的发展机遇；品牌运营与专业生产制造的分工更加深入和细分。

食醋企业不断开发食醋新品并向健康营养类食品延伸，种类繁多，包括：陈醋、香醋、白醋、米醋、饺子醋、风味醋、有机醋、健康醋、醋饮、醋糕、果醋、醋豆等。

食醋的主要品牌有：恒顺、紫林、海天、东古、水塔、保宁醋、天立独流、千禾、东湖、中调西堡泉、岐山天缘、统万珍极、六必居、宝鼎、鼎丰、味莼园、美味鲜、五味和、加加、老才臣、正阳河、清香园（中坝）、金钟、灯塔、永春、佐餐王、致美斋、山河、兰花、北康、老恒和、槐茂、土老憨、宁化府益源庆、利民、淘化大同、郑友和、龙牌、阆州、来福、四眼井、龙眼井等。

05 味 精

味精是以淀粉质、糖质为原料，经微生物（谷氨酸棒状杆菌等）发酵、提取、中和、结晶精制而成的具有特殊鲜味的白色结晶或粉末。

20 世纪初，日本科学家在海带中发现了味精。1923 年，吴蕴初先生在上海创立了天厨味精，采用水解法生产味精。之后，我国味精细分产业不断发展壮大，发展至今年产味精约 200 万吨，生产企业有 20 多家。

我国味精年产量超过 10 万吨企业有 12 家，味精产量的 CR5 超过 90%。据统计，目前我国是世界最大的味精消费国，国内味精消费量占全球的 70% 以上。其中，食品加工用味精占比最大，达 52%，餐饮消费和普通家庭消费分别占 27% 和 21%。

目前，味精的产业格局已经基本稳定。从时间上来看，2005 年之前是味精细分产业发展最为迅猛的时期，生产企业遍布广州、福建、浙江、上海、山东、河南、河北、辽宁、黑龙江等地，大小味精生产企业有 140 余家。

味精的主要品牌有梅花、太太乐、红梅、国莎、加加、王守义、杨府锦、金钟、伊品、天味、阜丰、厨邦、莲花、菱花，海天、福瑞、中粮、竞赛、冠生园佛手、中科凤祥（妙味哆）、佐香园等。自 2010 年开始，由于受环境保护、能源消耗、原料成本等因素影响，华东、华南、西南等地的味精生产企业陆续关停，然后又经过数次整合之后，基本形成阜丰集团、梅花生物、宁夏伊品 3 家企业三足鼎立的市场格局。

06 芝麻油

芝麻油是从油料作物芝麻的种子中制取的，可用于调味的一种油脂。

由于芝麻经焙炒后制作的芝麻油常有浓郁的芳香气味，又称“香油”；在我国南方，也称“麻油”。古代，芝麻还被称为“胡麻”“脂麻”，所以人们把芝麻油称为“胡麻油”“脂麻油”。三国时期，我国的劳动人民就掌握了用石臼法或木榨法生榨芝麻油的技术;《北堂书钞》中有芝麻油用于饮食的最早记录；南北朝时，香油已广泛地被用于餐饮中。

芝麻油分为芝麻原油、芝麻香油、小磨芝麻香油和精炼芝麻油四类。我国芝麻油生产在满足国内消费需求的同时，出口到60多个国家，年出口量达1700吨左右。

芝麻油的主要品牌有海天燕庄、李锦记、鲁花、富味乡、大名府、崔字牌、顶志、金龙鱼、中粮福临门、青岛春明（春明伟业）、长康、三添、福达坊、古币、太太乐、三原三友、正道、京友（甘露）、珠江桥牌等。

07　酱类

酱的文字记载始于3000年前周王朝的《周礼》，在《论语·乡党篇》《史记》等古籍中都有记载。酱是古代劳动人民利用粮食自然发酵而生成的一类调味品。

随着酱类的发展，采用的原料种类日益丰富，原料包括谷物和（或）豆类、水产品、香辛料等。2019年百强企业统计数据显示：酱类入围企业的收入复合增速超过10%，产业集中度较低；百强入围企业有34家，收入合计达83亿元，前五大企业收入占比为66%；产量合计达91万吨，前五大企业产量占比为67%。在传统酱类平稳发展的同时，企业积极创新，为了满足消费者的需求，不断开发风味各异的品种。

近几年较有特色的品类有：黄豆酱、番茄酱、辣椒酱、芝麻酱、豆瓣酱、风味酱、方便酱等。

酱类的品牌主要有海天、利民、欣和、丹丹、味好美、香其、美乐、六必居、虎邦、美味鲜、胡玉美、辣妹子、东古、郑友和、仲景、致美斋、槐茂、王致和、天味、老才臣、风球唛、佐餐王、鼎丰、味莼园、安记、五味和、金钟、统万珍级、三和四美、佳隆、红山河、太太乐、王家渡、李锦记、卡夫亨氏、老干妈、金葵、巧媳妇等。

（1）黄豆酱

黄豆酱是以黄豆为主要原料，经微生物发酵酿制的酱类。

唐代颜师古注云："酱以豆合面为之也……食之有酱。"这是明确介绍豆酱的较早记载。北魏贾思勰的《齐民要术》中对豆酱的生产工艺进行了较为详细和全面的记载。黄豆酱产品具有营养丰富、易于消化吸收等优点。

黄豆酱的主要品牌有海天、李锦记、葱伴侣、巧媳妇、海底捞、六必居、老恒和、天源酱园、利民、厨邦、致美斋、科沁万佳食品、香其、广味源、北康、金菜地、胡玉美等。

（2）番茄酱

番茄酱是以番茄（西红柿）为原料，添加或不添加食用盐、食糖和食品添加剂制成的酱类，添加辅料的品种可称为番茄沙司。

番茄酱于20世纪初从西方引入中国。最初多用于西餐，后逐渐应用于中餐，并较之西餐运用场景更丰富。番茄沙司是以浓缩番茄酱为主要原料，并配合其他辅料，为丰富番茄酱口味，方便菜式应用而生的。番茄酱分为中西两种应用领域，为大众所接受的口味较为统一，各个企业的区别与创新集中在包装方面。

番茄酱的主要品牌有卡夫亨氏、味好美、百利、梅林、风球唛、丘比、极美滋、利民、露莎士、天禾、笑厨、致美斋、中粮屯河、海天、广味源、忆霖、家乐、百味来、特味浓、红太阳、大罗素等。

（3）辣椒酱

辣椒酱是以辣椒为原料，经发酵或不发酵，添加或不添加辅料而制成的酱类。

辣椒原产于中南美洲热带地区，明末由海路从美洲的秘鲁、墨西哥传入中国。最早作为观赏植物，后用作食材。早期辣椒酱为人们自制自食，加工方法简单，随着工艺的改进和生产技术水平的提高，逐渐发展出各种风味。

市面上常见的产品按不同地区的风味分有蒜蓉辣椒酱、桂林辣椒酱、川味辣椒酱、油辣椒、豆豉辣椒酱、剁辣椒酱、黄灯笼辣椒酱等。随着全球饮食文化融汇，国外辣酱也融入国内，如泰式甜辣酱、韩式辣椒酱等。

辣椒酱的主要品牌有：老干妈、李锦记、花桥、辣妹子、吉香居、金葵、美乐、饭扫光、饭爷、利民、英潮、天下红、坛坛香、金塔、胡玉美、黄灯笼（南国黄）、丹丹、茂德公、虎邦、红太阳、香其等。

（4）芝麻酱

芝麻酱又称麻酱，是以芝麻为原料，经除杂、清洗和焙炒后，采用研磨等工序制成的产品，有香味，可作为调味料食用。

芝麻酱起源于远古时代，人们将芝麻炒至一定程度后，用石磨研磨，直至呈黏稠酱状，加在饭菜中食用，或做芝麻酱烧饼、芝麻酱凉菜等。

芝麻酱的主要品牌有王致和、六必居、古币、草原红太阳、丘比、天源酱园、饭扫光、麻辣空间、沙沟等。

（5）豆瓣酱

豆瓣酱是以蚕豆、大豆或辣椒为主要原料，经微生物发酵，添加或不添加其他辅料制成的具有可见颗粒状物体的产品。

豆瓣酱从出现到工艺成熟，经历了一个漫长的过程，最初人们用晒干后的蚕豆拌入辣椒和少量食用盐，用来调味佐餐。之后借鉴腐乳发酵方法，加入灰面、蚕豆瓣一起发酵，豆瓣酱制作工艺日渐成熟。现代的郫县豆瓣酱已成为中国地理标志产品，郫县豆瓣酱是川菜必不可少的调味品，被誉为“川菜之魂”。

豆瓣酱的主要品牌有鹃城牌、丹丹、欣和、李锦记、绍丰和、胡玉美、恒星、旺丰、川老汇、蜀府、饭扫光等。

（6）风味酱 / 方便酱

风味酱 / 方便酱是指选用大豆、辣椒、菌类、牛肉等一种或多种原料，经发酵或不发酵制成的独具风味、丰富多样、便捷时尚，迎合市场需求的酱类。

随着人们生活水平的提高，消费习惯的改变，消费者口味的变化，酱类生产企业不断推陈出新，开发出满足消费者不同口味、不同用途的产品。如香菇酱、牛肉酱、香菇牛肉酱、海鲜调味酱、黑椒牛肉酱、烧烤酱（新奥尔良风味调味酱）、西餐牛排调味酱、什锦酱、香辣酱、金枪鱼酱、鸭蛋黄酱、大块牛肉香菇酱、韩式甜辣酱、复合口味拌饭酱、螺蛳粉调味酱等。

风味酱 / 方便酱的品牌主要有：饭爷、李锦记、利民、饭扫光、香其、虎邦、李子柒、江湖铺子、饭空、佐大狮、新青大、特味浓、御娘等。

08 豆豉

豆豉是以大豆为主要原料，经蒸煮、制曲、发酵，酿制而成的呈干态或半干态颗粒状的制品。

豆豉是中国传统特色发酵豆制品调味料，豆豉在古代被称为“幽菽”。在《释名·释饮食》《食经》《汉书》《史记》《齐民要术》《本草纲目》等古籍中多有记载。

豆豉生产主要分为华南产区、华北产区、华中产区、西南产区等几大产区。其中最为著名的有广东的阳江豆豉、重庆的永川豆豉、湖南的浏阳豆豉、山东的八宝豆豉等。

豆豉的主要品牌有太和坊、东古、广味源、丹丹、土老憨、山乡、锦程、老干妈、外祖母、阳帆、阳江桥牌、老一品香、李锦记、吉香居、和鲜等。

09 腐乳

腐乳是以大豆为原料，经磨浆、制坯、培菌、发酵而制成的调味、佐餐制品。

腐乳包括红腐乳、白腐乳、青腐乳、酱腐乳、花色腐乳。腐乳已有上千年的历史，我国各地均有腐乳生产，品种繁多。随着技术进步，腐乳细分产业向工业化、自动化方向快速发展。根据 2019 年百强企业统计数据，腐乳入围企业虽然规模不大，但是收入及单位产量复合增速较高。入围企业有 9 家，收入合计达 17 亿元，前五大企业收入占比为 91%；产量合计达 15 万吨，前五大企业产量占比为 88%。

腐乳主要品牌有王致和、老才臣、三和四美、福达、咸亨、鼎丰、东古、朱老六、仙源、致美斋、利民、开平广合、成都国酿（海慧寺）、二克山、老干妈、桥牌、老恒和、石宝寨、永叔府（永叔公）、江记等。

10 鱼 露

鱼露是以鱼、虾、贝类为原料，在较高盐分下经生物酶解而制成的鲜味液体调味品。

鱼露是我国沿海一带及日本、东南亚各国人民所喜爱的传统调味品。我国生产鱼露的历史悠久，东南亚为鱼露产销最集中的地区，我国鱼露生产企业主要分布在东部和东南部沿海地区。

鱼露的主要品牌有凤球唛、潮汕牌、浦源、海博士、丽尔泰、民天、兴业、天鱼等。

11 蚝 油

蚝油是将牡蛎蒸、煮后的汁液进行浓缩或直接将牡蛎肉酶解，并加入食糖、食用盐、淀粉（改性淀粉）等原料，再辅以其他配料和食品添加剂而制成的调味品。

蚝油是人们在煮蚝的过程中，由于长时间熬煮偶然制成的。随着人们生活水平的提高，消费习惯的改变，原本以沿海地区为主要消费群体的蚝油产品逐渐被内陆地区的人们所接受，市场发展潜力较大，前景较广阔。

蚝油的主要品牌有：海天、李锦记、东古、厨邦、加加、致美斋、凤球唛、郑友和、安记、欣和、味事达、珠江桥等。

12 橄榄油

橄榄油是以橄榄鲜果为原料，经压榨加工而成的植物油，多用于西餐调味品。

橄榄油是以橄榄科植物油橄榄树的果实为原料提取的油脂，在西方被誉为“液体黄金”“植物油皇后”“地中海甘露”。

橄榄油分为初榨橄榄油、精炼橄榄油和混合橄榄油三大类。三者在工艺、营养、风味和口感上有所区别。三者虽然都可以高温烹调，但特级初榨橄榄油中的生物活性成分较多，宜冷烹或短时高温烹调。

橄榄油的主要品牌有：益海嘉里（金龙鱼、欧丽薇兰）、鲁花、贝蒂斯、品利、伯爵、安达露西、多力、翡丽百瑞、阿格利司、欧蕾、美格尔等。

13 调味料酒

调味料酒是以发酵酒、蒸馏酒或食用酒精为主要原料，添加食用盐（可添加植物香辛料），配制加工而成的液体调味品。

调味料酒属于复合调味料，不是直接酿造出来的酒，黄酒、白酒及食用酒精都可以作为原料酒，也就是基酒。在《调味料酒》（SB/T 10416—2007）行业标准和《调味品分类》（GB/T 20903—2007）国家标准发布实施之前，调味料酒没有明确的定义和分类地位。2007年，《调味料酒》（SB/T 10416—2007）行业标准发布实施，首次对调味料酒进行了明确的定义。同年，《调味品分类》（GB/T 20903—2007）国家标准发布实施，明确将调味料酒归为调味品。至此，调味料酒才有了明确的定义和隶属于调味品的分类地位。2008 年，在中国调味品协会的协调和努力下，国家税务总局发布了《关于调味料酒征收消费税问题的通知》并提出，调味料酒属于调味品，对调味料酒不再征收消费税。由此调味料酒细分产业得以快速发展。

调味料酒的主要品牌有王致和、老恒和、恒顺、老才臣、鼎丰、六必居、湖羊、统万珍级、佐餐王、宝鼎、郑友和、正阳河、土老憨、灯塔、含饴、味莼园、利民、北康、海天、千禾、美味鲜（厨邦）、鲁花等。

14　香辛料及香辛料调味品

香辛料主要来自各种自然生长的植物的果实、种子、茎、叶、皮、根等，具有浓烈的芳香味、辛辣味。香辛料调味品是以各种香辛料为主要原料，添加或不添加辅料而制成的制品。

人类在用植物的叶子包裹肉或其他食物时，发现食物的味道变好了，后来发现这类植物的果实、汁液甚至树皮都有这个作用，于是便开始有意识地挑选这类植物的根、茎、叶、皮以用于食物制作中。

随着人类对自然界的不断探索，相关植物知识的不断丰富，人们对香辛料及香辛料调味品的使用越发广泛。香辛料及香辛料调味品的种类繁多，目前已形成香辛料（八角、茴香、花椒、小茴香、辣椒、干姜、黑胡椒、肉桂、孜然、高良姜、甘草、肉豆蔻、姜黄、白芷、砂仁、芫荽、蒜等）；香辛料调味品，包括香辛料调味粉（花椒粉、孜然粉、白胡椒粉、黑胡椒粉、辣椒粉、咖喱粉、十三香、五香粉等）、香辛料调味油（花椒油、辣椒油、芥末油等）、香辛料调味汁（芥末汁、花椒汁等）、油辣椒等。

香辛料的主要品牌有：王守义、味好美、龙盛、老干妈、永益、含饴、太太乐、飞达、鸿兴源等。

15　复合调味料

复合调味料是指以两种或两种以上的调味料为原料，添加或不添加辅料，经相关工艺加工制成的呈液态、半固态或固态的产品。

2019 年，中国复合调味料细分产业的增速达到两位数，各企业发展各有千秋，新产品层出不穷。2019 年百强企业分析报告显示，生产复合调味料产品的企业占总数（100 家）的 80% 以上。百强企业复合调味料总产量达 71.1 万吨，总产量增长率 10.91%。销售收入 112.8 达亿元，销售收入增长率 14.40%。

复合调味料产品主要包括鸡精（粉）调味料、沙拉酱、川味调味料、鸡汁调味料等。

复合调味料的主要品牌有：李锦记、强旺、天下红、海天、太太乐、味好美、天味、安记、丘比、南街村、立达、日辰、饭扫光、百味佳、吉香居、红太阳、金葵、独凤轩、清香园、大厨四宝、佐餐王、丹丹、丁点儿、六必居、味美思、龙盛、瑞可莱、淘化大同、王家渡、杨府锦、红山河、利民、五味和、鸿兴食品、家乐、友联、周君记、哈尔九宝、劲宝等。

16　川味调味料

川味调味料多数属于复合调味料，是以川渝为发端地，伴随川菜的传播和消费者对“麻辣”口味的追捧而逐渐发展起来的。

川渝地区地处四川盆地，气候潮湿，适宜辣椒和花椒的种植，这两类食材在当地人日常饮食中不可或缺。当地人因地制宜，在烹调过程中大量使用花椒和辣椒。同时，为迎合目前快节奏的工作和生活，相关企业逐渐开发出不同种类的调味品，因可给消费者带来令人愉悦的感官体验，遂逐渐风靡全国。

川味调味料种类较多，如火锅调料、干锅底料、串串香麻辣烫底料、冒菜底料、鱼调料、水煮鱼调料、辣子鸡调料、宫保鸡丁调料、小龙虾调料、麻婆豆腐调料、酸菜鱼调料等。

川味调味料的主要品牌有：好人家、小龙坎、红九九、大红袍、周君记、幺麻子、秦妈、饭扫光、圣恩、丹丹、川妹子、王家渡、友联、川娃子、丁点儿、德庄、刘一手、鹃城牌、胖子、佳仙、新希望等。

17 火锅调料（火锅底料、火锅蘸料）

火锅调料是指食用火锅时专用的调味料，包括火锅底料及火锅蘸料。

火锅底料是伴随着餐饮业的发展而逐渐发展成熟的。火锅底料按包装形式和产品形态分为整体混合型火锅底料（固体火锅底料和半固体火锅底料）、分包配装型火锅底料。

火锅底料的主要品类有：牛油火锅底料、麻辣火锅底料、清油火锅底料、番茄味火锅底料、菌汤火锅底料、三鲜火锅底料、养生类火锅底料等。

火锅蘸料产品包括芝麻酱原味火锅蘸料、香辣火锅蘸料、香辣干碟蘸料、调味芝麻花生原味酱、芝麻油（香油）蘸料、蒜蓉火锅蘸料、韭菜花酱等。

火锅底料的主要品牌有：海底捞、红九九、大红袍、好人家、红太阳、周君记、草原阿妈、王致和、小龙坎、太太乐、红山河、王家渡、利民、含饴、金葵、秦妈、德庄、刘一手、皇城老妈、蜀九香等。

火锅蘸料的主要品牌有海底捞、呷哺呷哺、好人家、红太阳、蜀大侠、六必居、霸州津恺、大龍燚、王致和、川崎、川湘、辣娃子、德庄、小龙坎、古币、翠宏、黄懒懒、吉香居、李锦记、太太乐、小肥羊等。

18　酱腌菜

酱腌菜是以新鲜蔬菜为主要原料，经腌渍或酱渍加工而成的蔬菜制品。

酱腌菜根据不同腌渍工艺、产品特性分类为：酱渍菜、盐渍菜（含榨菜）、酱油渍菜、糖渍菜、醋（酸）渍菜（含泡菜）、糖醋渍菜、虾油渍菜、发酵酸菜（含泡菜）、糟渍菜等。

近年来也出现了一些休闲腌制菜，比如木瓜丝、爽脆香菜、麻椒凤爪、香辣金针菇、香辣三丝等。

酱腌菜的主要品牌有：涪陵榨菜、百合、湘君府、吉香居、饭扫光、三和四美、清香园、六必居、恒顺、辣妹子、含饴、槐茂、利民、玉堂酱源、顶俏等。

其中，泡菜的主要品牌有：吉香居、乌江、鱼泉、老干妈、川南、饭扫光、辣妹子、味聚特、吉得利、淳于府、惠通、古蜀味道、盛源来、蔡林记、博鸿小菜、金刚山、王饺子、富爸爸、老坛子、三厨、李记乐宝等。

调味品产业品类丰富、品种繁多、品牌林立，并非本文可以全部涵盖。本文谨以中国调味品协会与产业 25 年发展为契机，梳理了产业里的代表性品牌。这些优秀品牌在自身获得成长的同时，也成就了该产业，同时也是民生产业的重要组成部分。在这里，祝贺这些知名品牌，也祝愿它们今后取得更辉煌的成绩。同时，希望更多品牌发展壮大，并加入这些优秀品牌的行列，为世界创造更多的美味。

注：截至2020年底，调味品产业的存续企业有437074家。本文仅列举了调味品产业发展25年来的代表性品牌。

附录 C
2011—2020 年中国调味品产业发展状况

随着人民生活水平的提高，消费升级时代的到来，我国调味品产业在 2011—2020 年这 10 年间发生了质的飞跃，业内品牌企业发展稳健，促进了整个产业的可持续发展。从 2011—2020 年百强企业的数据看出，入围企业通过市场不断的筛选、优胜劣汰，从 2011 年的 68 家到 2018 年之后稳定在 100 家。产品总产量从 2011 年的 579 万吨增加到 2020 年的 1833 万吨（见图 C–1），总销售收入从 2011 年的 380 亿元增加到 2020 年的 1139 亿元；在各大细分产业中，酱油、食醋、酱类、复合调味料、鸡精（粉）[①] 等细分产业呈现出较好的发展势头；在这 10 年中，产品总产量连续入围前十名的企业包括：佛山市海天调味食品股份有限公司、广东美味鲜调味食品有限公司、李锦记（新会）食品有限公司、鹤山市东古调味食品有限公司、江苏恒顺集团有限公司。总销售收入连续入围前十名的企业包括：佛山市海天调味食品股份有限公司、李锦记（新会）

① 在统计相关数据时，虽然鸡精（粉）属于复合调味料，但业内习惯将两者分开统计。

食品有限公司、广东美味鲜调味食品有限公司、上海太太乐食品有限公司。百强企业10年的数据展示了调味品产业10年的变化情况（见图C-2、图C-3、图C-4、图C-5、图C-6、图C-7）。

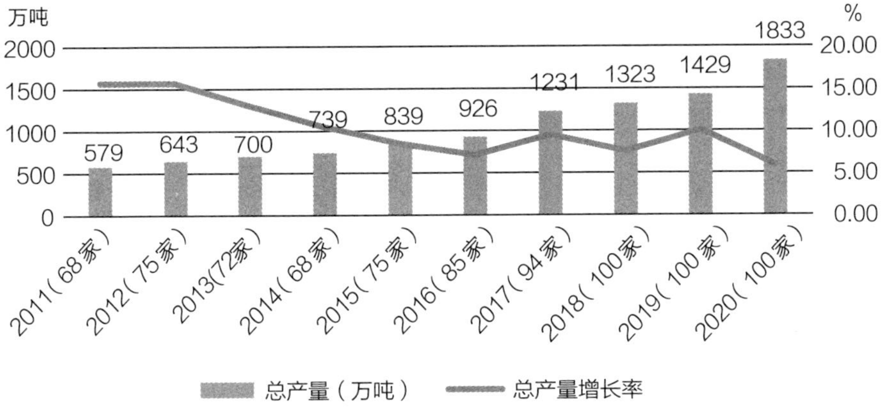

图C-1 2011—2020年百强企业总产量及增长率

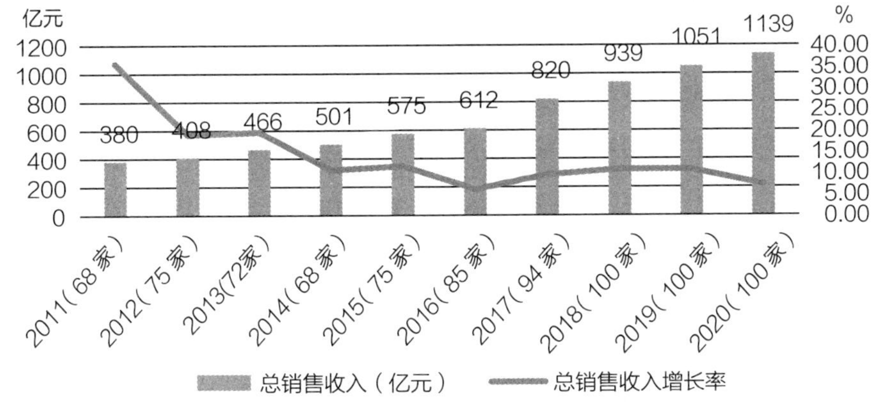

图C-2 2011—2020年百强企业总销售收入及增长率

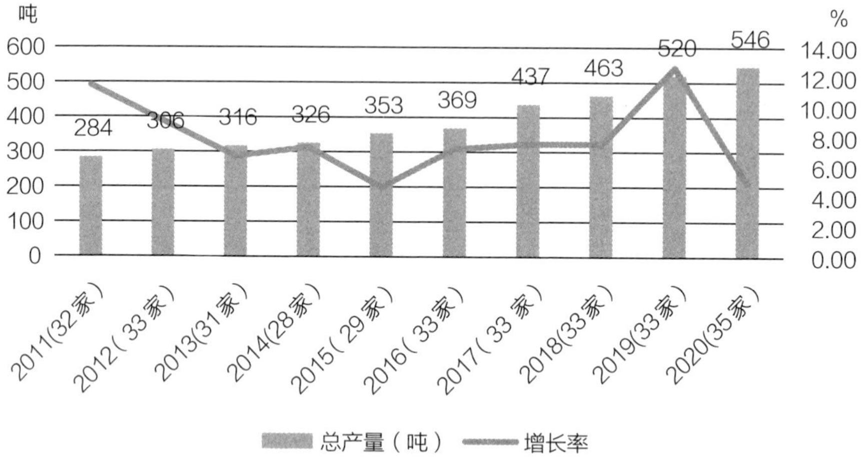

图 C-3　2011—2020 年百强企业酱油的总产量及增长率

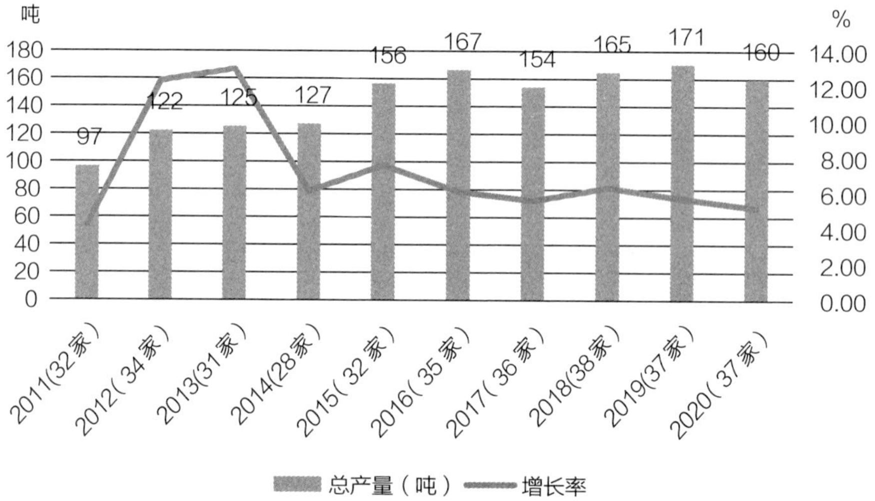

图 C-4　2011—2020 年百强企业食醋的总产量及增长率

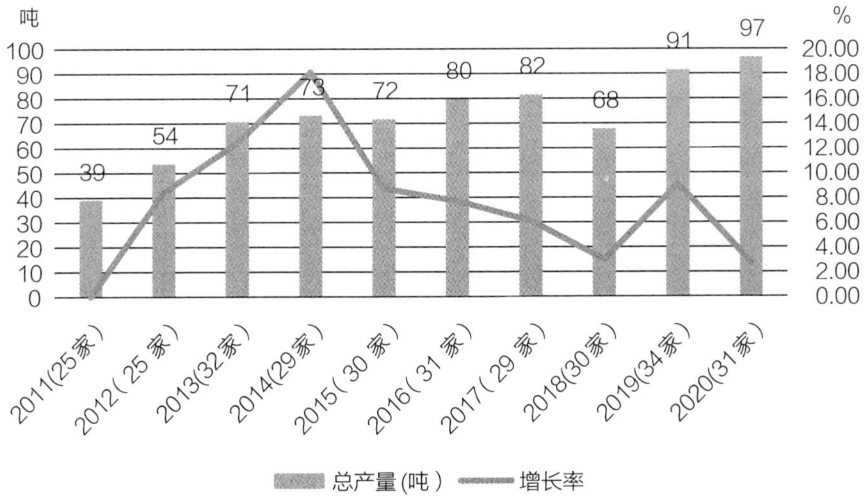

图 C-5 2011—2020 年百强企业酱类的总产量及增长率

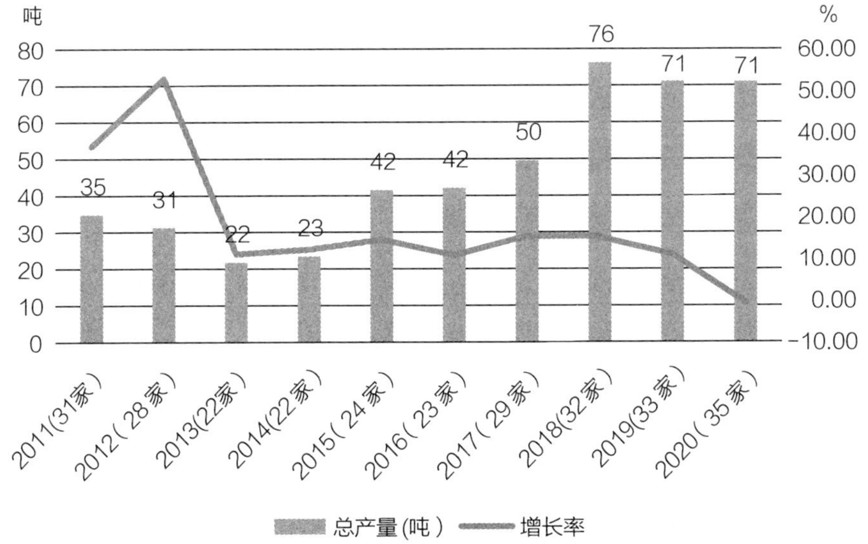

图 C-6 2011—2020 年百强企业复合调味料的总产量及增长率

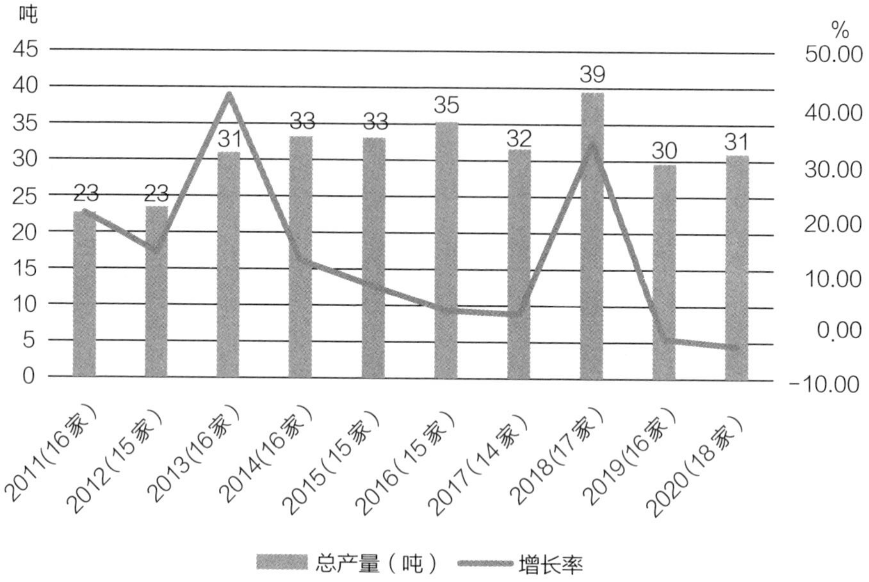

图 C-7　2011—2020 年百强企业鸡精（粉）的总产量及增长率

下面介绍和分析 2011—2020 年百强企业发展变化情况。

2011 年，我国调味品产业实现总产量 579.44 万吨，同比增长 15.69%；实现总销售收入 380.40 亿元，同比增长 35.72%。2011 年，尽管参与此项统计的企业相比于 2010 年多出 10 家[①]，但是整体增速依然十分突出，这也预示着中国的调味品产业已逐步走出传统的经营模式，调味品产业化、规模化和品牌化发展时代已经到来。

在百强企业产量排行榜上，佛山市海天调味股份食品有限公司、广东美味鲜调味食品有限公司和李锦记（新会）食品有限公司分列前三位，

① 2010 年百强企业实际入围了 58 家。

分别为1297274吨、640658吨和293840吨；在产品销售收入排行榜上，佛山市海天调味食品股份有限公司、上海太太乐食品有限公司、李锦记（新会）食品有限公司分列前三位，分别为603844万元、291045万元和272497万元。

2012年，受国内宏观经济环境与政策的影响，高端餐饮业的增长速度开始下滑，但是2012年调味品市场却继续保持快速增长的态势。

在百强企业产量排行榜上，佛山市海天调味食品股份有限公司、广东美味鲜调味食品有限公司和李锦记（新会）食品有限公司分列前三位，分别为1471010吨、726213吨和320777吨；

在产品销售收入排行榜上，佛山市海天调味食品股份有限公司、上海太太乐食品有限公司和李锦记（新会）食品有限公司分列前三位，分别为701157万元、330881万元和327793万元。

2013年，国际、国内经济整体仍处于2008年以来的下滑周期，加之受国内政策的影响，高端餐饮业出现了明显的下滑趋势。但是即便如此，依然没有影响到整个调味品产业的平稳增长和发展。在宏观经济持续低迷背景下，调味品企业的稳健增长显得难能可贵，也给相关企业2014年的工作安排注入了一剂强心剂。

在百强企业产量排行榜上，佛山市海天调味食品股份有限公司、广东美味鲜调味食品有限公司和李锦记（新会）食品有限公司分列前三位，分别为1687312吨、791216吨和331589吨；在产品销售收入排行榜上，佛山市海天调味食品股份有限公司、上海太太乐食品有限公司和李锦记（新会）食品有限公司分列前三位，分别为832910万元、375844万元和321312万元。

2014年，调味品产业处于市场不断细分、不断集中的高速成长阶段；细分产业中的头部企业不断扩张，持续受到资本市场的青睐；新产品层出不穷，消费需求不断扩大，消费量稳步增长。产业内部的结构调整和产业集中度发生了明显的变化。2014年，入围百强企业的68家企业统计数据显示，总产量为739.09万吨，同比增长10.48%；总销售收入为501.07亿元，同比增长10.64%。

在百强产量排行榜上，佛山市海天调味食品股份有限公司、广东美味鲜调味食品有限公司和李锦记（新会）食品有限公司分列前三位，分别为1904256吨、827846吨和376059吨；在销售收入排行榜上：佛山市海天调味食品有限公司、上海太太乐食品有限公司和李锦记（新会）食品有限公司分列前三位，分别为974073万元、413401万元和359501万元。

2015年，随着人均收入增长而产生的消费升级以及国内餐饮业的恢复和迅速发展，调味品市场的需求不断释放，在“互联网+”概念的大背景下，部分企业开始积极调整发展战略和商业模式，产品结构调整和产业结构升级速度加快，头部企业的规模经济效应持续显现。同时，高新技术的应用、中西式餐饮的融合，催生出更多的新式调味品，尤其是复合调味品，它们推动着产业的发展空间进一步扩大。根据国家统计局对规模以上企业的统计数据，2015年调味品和发酵制品制造业的主营业务收入为2870亿元，同比增长9%；利润总额为271.0亿元，同比增长20.1%。

2015年入围百强企业的75家企业统计数据显示，总产量为838.80万吨，同比增长8.46%；总销售收入为575.11亿元，同比增长11.57%。

同时，在2015年百强企业中，有8家上市公司（海天味业、中炬高新、恒顺醋业、加加食品、佳隆股份、安记食品、老恒和酿造、百味佳）。这8家公司2015年的总产量为370.82万吨，占统计总量的44%；总销售收入为190.47亿元，占统计总量的33%。

从2015年百强企业的产量排行榜上看，佛山市海天调味食品股份有限公司、广东美味鲜调味食品有限公司和李锦记（新会）食品有限公司分列前三位，分别为2057300吨、844403吨和430529吨；从销售收入排行榜上看，佛山市海天调味食品股份有限公司、上海太太乐食品有限公司和李锦记（新会）食品有限公司分列前三位，分别为1117100万元、435227万元和426634万元。

通过分析2015年百强企业的统计数据，可以看出：在国内经济下行压力加大、增速放缓的形势下，中国调味品产业的总产量仍有近9%的同比增长率，总销售收入同比增长11.57%，呈现出明显的产业结构调整和品牌集中度提高的发展趋势。调味品产业第一大品类的酱油增长放缓，酱类、复合调味料和火锅底料等品类保持较高增速，尤其是各大头部企业都在布局料酒产业，均想从该市场中分一杯羹。各重点产业出现负增长的企业增多，说明产业整合、优胜劣汰的速度加快，资本整合资源的功能逐渐显现。

2016年，调味品产业依然呈现稳步发展的态势，业内企业面对市场变化，积极提高应变能力，同时利用供给侧结构性改革，调结构、促转型和谋发展，不断在产品创新、产业链延伸、体制创新和商业模式转换等方面取得新的突破。头部企业纷纷加大技术投入以提升产品的竞争力，同时科技成果产业化的速度开始加快，大众餐饮消费规模提升逐步拉动调味品产业的增长。

根据国家统计局对规模以上企业统计的数据，2016 年调味品和发酵制品制造业的主营业务收入为 3064.1 亿元，同比增长 6.7%；利润总额为 302.6 亿元，同比增长 11.7%。

2016 年入围百强企业的 85 家企业统计数据显示，总产量为 926.2 万吨，同比增长 7.1%；总销售收入为 612.3 亿元，同比增长 6.1%。同时，在 2016 年百强企业中，有 13 家上市公司（含新三板），分别为：海天味业、中炬高新、恒顺醋业、加加食品、佳隆股份、千禾味业、涪陵榨菜、安琪酵母、安记食品、老恒和酿造、独凤轩、百味佳、咸亨股份。2016 年这 13 家企业的总销售收入为 232 亿元，占统计总量的 38%，同比增长 8.7%。

2016 年百强企业的产量排名前三位的是：佛山市海天调味食品股份有限公司、广东美味鲜调味食品有限公司和李锦记（新会）食品有限公司，其产量分别为 205.7 万吨、84.4 万吨和 43.1 万吨；销售收入排名前三位的企业为：佛山市海天调味食品股份有限公司、李锦记（新会）食品有限公司和上海太太乐食品有限公司，其销售收入分别为 120.7 亿元、42.2 亿元和 40.5 亿元。

2016 年百强企业统计数据显示：调味品产业的总产量保持 7% 以上的同比增长率，总销售收入保持 6% 以上的同比增长率，总体呈现平稳增长的态势，增速趋缓。在上述百强企业统计分析的 12 个细分产业中，除了味精出现产量下滑之外，其他细分产业的产量均呈现稳步上升趋势，其中增速较快的细分产业依次为火锅调料、料酒、复合调料、酱油、食醋、调味酱等。

2017 年，对于调味品产业而言是充满机遇和挑战的一年。随着生活水平的提高，人们对调味品的需求在逐步增加，使得调味品的品种更加丰富，品质不断提升。但同时，消费者的消费行为也发生了明显的变化。电商、外卖等新的商业业态快速发展都对调味品产业提出了新的课题。消费品企业面临转型升级的压力。面对挑战，调味品企业迎难而上，以创新为驱动，在产品、市场、渠道等方面不断取得新的突破，从而保证了整个调味品产业的平稳发展。

根据国家统计局对规模以上企业统计的数据，2017 年调味品和发酵制品制造主营业务收入为 3064.1 亿元，同比增长 6.7%；利润总额为 302.6 亿元，同比增长 11.7%。入围 2017 年百强企业的 94 家企业统计数据显示，总产量为 926.2 万吨，同比增长 7.1%；总销售收入为 820.3 亿元，同比增长 9.5%。同时，在 2017 年百强企业中，有 13 家上市公司（含新三板），分别为：海天味业、中炬高新、恒顺醋业、加加食品、佳隆股份、千禾味业、涪陵榨菜、安琪酵母、安记食品、老恒和酿造、独凤轩、百味佳、咸亨股份。2017 年 13 家企业的总销售收入为 232 亿元，占统计总量的 38%，同比增长 8.7%。

2018 年，消费渠道发生巨大变化，消费者的消费行为也有很大的改变。消费终端变革、产品重组、新经济、新形势、新通路的出现给企业带来了新的挑战，在发展传统渠道的同时，企业也需要关注变化，调整战略。

2018 年百强企业统计数据显示，总产量为 1322.54 万吨，同比增长 7.54%；总销售收入为 938.77 亿元，同比增长 10.77%。同时，在 2018 年百强企业中，有 14 家上市公司（含新三板），分别为：海天味业、安琪酵母、梅花生物、中炬高新、涪陵榨菜、加加食品、恒顺醋业、天味食品、老恒和酿造、千禾味业、百味佳、安记食品、佳隆股份、独凤轩。2018年度上述14家企业的总销售收入为419.79亿元，占统计内企业总销售收入（100家）的44.72%。销售收入排前三位的企业为：佛山市海天调味食品股份有限公司、安琪酵母股份有限公司、梅花生物科技集团股份有限公司。

在2018年百强企业中，产量排名前三位的企业为：佛山市海天调味食品股份有限公司、江苏省盐业集团有限责任公司、广东美味鲜调味食品有限公司，产量分别为297.46万吨、99.82万吨和90.16万吨；销售收入排名前三位的企业为：佛山市海天调味食品股份有限公司、安琪酵母股份有限公司、李锦记（新会）食品有限公司，销售收入分别为163.07亿元、66.86亿元和52.40亿元。

2018年百强企业统计数据显示：调味品产业的总产量保持7.13%的同比增长率，总销售收入保持10.77%的同比增长率，产量略有调高，但销售价格涨幅明显。在统计的12个细分产业中，除腐乳、香辛料及香辛料调味品细分产业的产量下滑之外，其他细分产业的产量均呈现上升趋势，其中增速较快的由细分产业依次为鸡精（粉）、蚝油、火锅调料等。

2019年，调味品产业保持稳健发展态势。各品牌企业快速适应新业态，产品不断迭代更新，经营模式逐渐多样化，销售渠道不断涌现新模式，既满足了新老消费群体的消费需求，又取得了企业自身的长足发展，同时促进了调味品产业的可持续发展。

2019年百强企业统计数据显示，总产量为1428.91万吨，同比增长

10.07%；总销售收入为1051.08亿元，同比增长10.72%。

在2019年百强企业统计的企业中，有16家上市公司（含新三板），分别为：海天味业、安琪酵母、梅花生物、中炬高新、恒顺醋业、涪陵榨菜、加加食品、老恒和酿造、千禾味业、天味食品、日辰股份、安记食品、佳隆股份、百味佳、独凤轩、绍兴咸亨。

2019年度上述16家企业的总销售收入为484.16亿元，占统计内企业总销售收入（100家）的46.06%。销售收入排前三位的企业为：佛山市海天调味食品股份有限公司、安琪酵母股份有限公司、梅花生物科技集团股份有限公司。

2019年百强企业产量排名前三位的企业为：佛山市海天调味食品股份有限公司、江苏省盐业集团有限责任公司、广东美味鲜调味食品有限公司，产量分别为352.64万吨、105.20万吨和92.62万吨；销售收入排名前三位的企业为：佛山市海天调味食品股份有限公司、安琪酵母股份有限公司、梅花生物科技集团股份有限公司，销售收入分别为187.62亿元、76.00亿元和60.00亿元。

2019年百强企业统计数据显示：调味品产业总产量同比增长10.07%，总销售收入同比增长10.72%，产量提高，销售收入略涨。在统计的12个细分产业中，除鸡精（粉）、香辛料及香辛料调味品细分产业的产量出现下滑之外，其他细分产业的产量均呈现上升趋势，其中增速较快的细分产业依次为蚝油、调味料酒、酱油等。

2020年，受新冠肺炎疫情的影响，世界经济受到重创。作为民生产业，调味品产业尽管也受到了一些冲击，但是依然保持了稳健发展的态势。调味品企业在防疫、抗疫的同时，也在积极顺应市场的变化，探索企业发展的新模式。各品牌企业在特殊市场环境下，快速适应新业态，产品不断迭代更新，经营模式逐渐多样化，销售渠道不断涌现新模式，做到了线上线下齐发展，在保证企业自身发展的同时，促进了调味品产业的可持续发展。

2020年百强企业统计数据显示，总产量为1832.8万吨，同比增长5.9%；总销售收入为1138.5亿元，同比增长7.2%。

在2020年百强企业统计的调味品企业中，有17家上市公司（含新三板），分别为：海天味业、安琪酵母、梅花生物、中炬高新、恒顺醋业、涪陵榨菜、加加食品、老恒和酿造、千禾味业、天味食品、日辰股份、仲景食品、安记食品、佳隆股份、百味佳、独凤轩、绍兴咸亨。2020年度上述17家企业的总销售收入为539.5亿元，占统计内企业总销售收入（100家）的47.4%。销售收入排前三位的企业为：佛山市海天调味食品股份有限公司、安琪酵母股份有限公司、梅花生物科技集团股份有限公司。

在2020年百强企业中，产量排名前三位的企业为：佛山市海天调味食品股份有限公司、中国盐业集团有限公司、雪天盐业集团股份有限公司，产量分别为387.9万吨、255.2万吨和148.7万吨；销售收入排名前三位的企业为：佛山市海天调味食品股份有限公司、安琪酵母股份有限公司、梅花生物科技集团股份有限公司，销售收入分别为216.3亿元、89亿元和60亿元。

2020年度总产量在10万吨以上的企业有25家，占总数（100家）的25%；总产量为5万～10万吨的企业有22家，占总数（100家）的22%；总产量为1万～5万吨的企业有42家，占总数（100家）的42%；

总产量在 1 万吨以下的企业有 11 家，占总数（100 家）的 11%。

2020 年总销售收入在 10 亿元以上的企业有 23 家，占总数（100 家）的 23%；总销售收入为 5 亿～ 10 亿元的企业有 17 家，占总数（100 家）的 17%；总销售收入为 1 亿～ 5 亿元的企业有 47 家，占总数（100 家）的 47%；总销售收入在 1 亿元以下的企业有 13 家，占总数（100 家）的 13%。

2020 年百强企业统计数据显示：调味品产业的总产量保持正向增长，产量与销售收入均有提高。在统计的 12 个细分产业中，除复合调味料、鸡精（粉）及香辛料调味品细分产业的产量下滑之外，其他细分产业的产量均呈现稳步上升趋势，其中增速较快的细分产业依次为火锅调料、蚝油、酱腌菜等。